세월이 마음에 들지 않는다 하여도
서러워하지 마 화내지도 마

세월이 마음에 들지 않는다 하여도
서러워하지 마 화내지도 마

유승도 산문집

詩와에세이

작가의 말

 2024년, 겨울밤의 달빛이 유난히 밝다. 세상이 전쟁과 기후 변화의 소용돌이 속에서 갈 길을 잃고 비틀거리는 모양새다. 내가 살아가는 대한민국이라는 국가의 모습도 심상치 않은 모양새다.

 오늘도 창밖을 보니 뿌옇다. 미세 먼지가 산과 산 사이의 공간에 안개처럼 깔렸다. 안개와 비슷하면서도 살짝 느낌이 다른 미세 먼지의 세상이다. 초등학교 4학년 때던가? 시골에서 서울로 이사해서 처음 보았던 세상이 그랬다. 봉천동 산동네에서 아침에 일어나 앞을 바라보니 뿌연 안개가 깔려 있었다. 그땐 그게 미세 먼지라고는 생각하지 못했다. 서울의 안개는 좀 이상하다는 생각이 든 정도였다. 그때는 한겨울이라 해도 시골의 산골짜기에까지 미세 먼지가 깔리는 일은 없었다.

멀리 뻗어나간 소백산맥이 미세 먼지에 가려 흐릿하게만 보인다. 이익을 위해 패거리를 짓고 싸우는 일은 국가 안의 작은 집단에서나 국외의 커다란 집단에서나 다름이 없다. 기후 변화를 나열하며 인류의 멸종을 운운하지만 사람들은 자신의 눈앞에 어른거리는 이익을 멀리할 생각이 없다.

요즘 따라 달빛이 유난히 밝은 게 다 이유가 있는 셈이다. 세상이 흐릴수록 밤의 달빛은 더욱 빛을 발한다.

2024년 1월, 망경대산 중턱에서
유승도

작가의 말 · 04

제1부
그저 세상의 흐름에 몸을 맡기며

그저 세상의 흐름에 몸을 맡기며 살아가자고 마음먹을 때 · 13

일어나 밖을 보니 눈이 하얗게 덮였다 · 14

절이나 교회, 관공서 앞에 서면 · 16

나 여기 있어요 · 18

뭘 그리 바쁘게 도망을 가나 · 19

파리가 화났나 보다 · 20

서울에는 무덤이 없다 · 22

흔한 일 · 24

날갯짓 · 26

땅에 햇살이 내리다 · 27

꽃기린 · 28

매미나방 애벌레를 받아들이다 · 30

제2부
벗어날 길 없다면 당당히 가야지

까만 봄 · 39

빗소리 · 42

더 어두워진다 해도 · 44

산 너머에서 바람이 온다 · 53

황국을 따는 오후의 햇살은 노랗다 · 54

미워하진 않는다 · 57

버려진 강아지 · 61

굴뚝새 연정 · 66

가만히 살다 가만히 간 새를 보았다 · 68

코스모스 형님 · 70

재미없다 · 80

8월을 맞으며 · 83

제3부
사람은 더 잘살게 될까

생강나무꽃 · 87

개판 · 91

백로도 지났다 · 100

2023, 사람은 더 잘살게 될까 · 102

내 마음의 적막 · 108

낮보다 밝은 밤 · 109

닭은 홀로 죽는다 · 110

들어오고 나가고 · 111

딱따구리와 나 사이의 간격 · 113

나의 집 · 115

멧돼지에게 줄 연민의 정은 없다 · 122

뭍 멀미 · 124

저 둥지에 앉을 수 있다면 · 126

제4부
누구보다 먼저 꽃을 피우느라 납작 엎드린

뱀과 물까치의 만남과 헤어짐을 보면서 · 131
빗소리는 무겁다 · 134
거대한 손 · 135
폐계닭 · 136
환상의 도시 · 139
아이처럼 · 141
삼류 대학 출신 · 142
스승 혹은 도반 · 145
가지지 못한 죄 · 146
아내의 선택 · 147
봄, 햇살 아래서 · 153
살생에 대하여 · 154
저녁 · 156
입동, 꼬리치레도롱뇽을 만났다 · 158

제1부
그저 세상의 흐름에 몸을 맡기며

그저 세상의 흐름에 몸을 맡기며 살아가자고 마음먹을 때

  가난한 사람의 마음이 더 거칠고 팍팍하다고 느낄 때.
  옳고 그름을 따지는 게 가능하지 않다고 생각될 때.
  사람들의 모든 행위가 제각각 살기 위한 몸부림이라고 생각될 때.
  내가 욕을 하는 사람들이 나와 별다르지 않다고 느낄 때.

일어나 밖을 보니 눈이 하얗게 덮였다

잠자리에서 일어나 문을 열고 나가니 온통 하얀 세상이다. 눈을 떴을 때부터 왠지 이상했다. 전날하고는 확연히 다른 환한 빛이 집 안으로 들어오는 걸 느꼈던 터다.

졸린 기운을 채 털지 못하고 바라보는 눈에 어린 시절 아버지의 모습이 어린다. 아버지가 털모자를 쓴 상태에서 눈을 털며 다가오고 있었다. 돌아가신 지 50년이 넘은 지금, 내 기억 속에 자리한 아버지의 가장 뚜렷한 모습이다. 그때도 잠자리에서 눈을 떠 방문을 열었었다.

눈 덮인 마당과 산야의 풍경에서 눈을 떼지 않고 있으니 몇 년 전 돌아가신 형님의 얼굴도 다가온다. 아직은 분명한 형체로 떠오르는 형님의 얼굴은 온화한 미소를 띤 모습이다. 그래서일까? 눈 덮인 풍경은 따뜻하다. 눈이 햇살을 반사시켜 내 눈을 부시게 하는 데에서 오는 따듯함도 있겠지만, 아무래도 아버지와 형님의 모습이 일으키는 연상 작용이 더 클 터다.

  아버지와 형님의 모습 너머 이제는 볼 수 없는 사람들의 모습도 잡힌다. 늙어서 돌아가신 사람들과 병과 사고로 죽은 낯익은 얼굴들이 떠오른다. 내 손에 죽은 동물들의 형상도 비교적 선명하게 그려진다.

  아련한 기억들을 불러내는 눈 덮인 풍경을 털어 내며 방으로 들어와 앉으니 시선이 나도 모르게 창밖으로 돌려진다. 또 하염없이 눈 덮인 모습을 바라봤다. 그런 끝에 언뜻 하나의 문장이 떠올랐다.

  '눈에 보이지 않는다고 사라진 것은 아니다.'

절이나 교회, 관공서 앞에 서면

 절이나 교회 앞에 서면 몸이 움츠러든다. 거대하고 화려한 모습에 내가 작아지는 느낌이다. 중고등학교 시절, 교련이나 체육 교사가 담당하던 학생지도부실 앞에 선 것만 같다.

 대개의 절이나 교회는 그 지역에서 가장 웅장한 모습을 갖추고 있다. 내 초라한 몰골을 받아줄 몸짓이 아니다. 그곳에 자리한 부처님이나 예수님은 보기만 해도 꼼짝하지 못할 권력의 냄새를 풍긴다. 돌아서서 나오고 싶게 만드는 이유다.

 면사무소가 자리한 곳으로 나가면 관공서 건물이 가장 크고 번듯한 모양새로 자리 잡고 있다. 면사무소와 보건소, 농협, 우체국, 문화센터 등이 그런 건물이다. 그 외에 지역아동돌봄센터도 있고 학교도 있고 파출소도 있다. 다 번지르르한 외모를 갖고 있다. 멀쩡하건만 빛이 좀 바랬다 싶으면 헐고 다시 짓길 반복한다. 지역에서 가장 짧은 건물 수명을 자랑하는 곳이 관공서다.

건물이 크고 화려한 만큼 그곳에 있는 사람들의 힘도 세다. 일반 주민들을 위한 서비스 업무를 담당하는 곳이건만 그들은 주민들 위에 있다. 주민들을 지도하고 군림하려 한다. 내가 이 지역에 들어왔을 당시보다는 많이 부드러워졌지만 지금도 크게 달라지진 않았다. 기본적인 흐름은 그대로다.

사람을 따듯하게 맞이해서 품어 줘야 할 곳들이 크고 화려한 모습을 갖추고 있는 것은 왜일까? 고개를 빳빳이 세운 채 호령하는 모습을 하고 있은 것은 왜일까? 원래 그런 것일까? 그런 곳에 있는 사람들이 일반 주민들보다 신분이 높은 분들이라서 그럴까? 쉽게 받아들이기 어려운 일이다.

그러니 나는 절이나 교회, 관공서 앞에만 서면 고개를 빳빳이 들고 허리에 힘을 준다. 부처님이나 예수님은 법원의 재판관처럼 높은 곳에서 나를 내려다본다. 참으로 거만하고 오만한 모습이다. 상대가 그럴수록 나는 고개와 허리에 힘을 준다. 숙이고 싶지 않아서다. 상대를 공격할 생각이 있어서가 아니다. 최소한의 방어랄까? 뭐 그런 거다.

크고 화려한 포장이 걷힌 세상을 그려보는 게 내가 할 일임을 생각한다. 사람, 나아가 우주 만물은 평등하지 않을 이유가 없다. 대상이 부처나 예수라 해도 마찬가지다.

나 여기 있어요

컴컴한 산중에 나무 사이로 반딧불이가 날아다닌다.
반짝반짝, 하늘의 별이 내려와 이리저리 옮겨다니느라 바쁘다.
'나 여기 있어요.'
힘을 다하여 외쳐보지만 님은 어디에 있을까? 쉽게 다가서지 않는다. 반짝반짝, 캄캄 어둠 속을 밝혀보지만 어둠은 쉽게 밝아지지 않는다. 오히려 어둠은 더욱 깊어만 간다.
그런데 나는 저 외침이 왜 예쁘게만 보이냐?
해보다 달보다 이뻐 보이냐?

뭘 그리 바쁘게 도망을 가냐

 마당으로 나가니, 헛간 앞 꽃들 사이에서 뭔가를 먹고 있던 산비둘기 한 쌍이 화라락 날아올라 집 앞 참나무 가지에 앉는다.
 잡아서 구워 먹을 생각도 없는데 뭘 그리 놀라서 도망까지 가냐? 못 본 척, 하던 짓 계속 해도 되는데. 뭘 그리 바쁘게 달아나기까지 하냐?
 하긴, 너희들 급박한 날갯짓에 나도 놀라긴 했다.
 무슨 일인가 살펴보기에 앞서 방어의 몸짓부터 취해야 하는 건 너나 나나 마찬가지였구나! 참 슬픈 일이기도 하지.

파리가 화났나 보다

 깃털이 어지럽게 깔린 닭장 안에 널브러진 닭 두 마리가 보였다. 숲의 짐승이 철망 안으로 들어가긴 했으나 잡은 닭을 가져가진 못한 모양이었다.

 뜯긴 가슴팍에 파리들이 달려들어 누리끼리한 알을 한 무더기 슬어 놓았다. 죽음의 냄새를 맡자마자 '이야호!' 환호의 소리를 내지르며 몰려든 파리들의 잔치가 한창이었다.

 사료 부대를 들고 가서 닭을 주워 담는데, 파리들이 왜 잔치를 훼방 놓느냐며 얼굴 앞에서 쌔앵쌩 난다. 그중엔 온몸으로 내 얼굴에 부딪히는 놈도 있다. 그래도 일찍 묻어주는 것이 닭을 길러 온 내가 할 일인 듯하여 밭에 구덩이를 파고 흙으로 덮은 뒤 발로 꾹꾹 밟아주었다. 남의 잔치에 축하를 해주진 못할망정 재를 뿌린 꼴이었다.

누군가의 죽음이 또 다른 누군가에겐 기쁨이 된다는 것쯤은 알고 있는 바였다. 그렇다고 파리의 잔칫상까지 살펴줘야 한다는 생각은 들지 않았다. 파리는 내가 살펴주지 않아도 알아서 잘 번성하며 살고 있잖은가? 어쭙잖은 짓은 하지 않는 게 좋은 일이다. 파리는 누군가가 생각해 줘야 할 만큼 여린 동물이 아니다. 어쩌면 나보다 더 강한 애들이다.

서울에는 무덤이 없다

 어쩌다 서울에 올라가 사람의 물줄기가 끝없이 흐르는 거리를 걷다 보면 이상하다. 아무리 걷고 또 걸어도 무덤이 보이지 않는다.

 먹고 싸고 입고 유혹하고 울고 웃고 병에 들어 절뚝이는 사람의 모습은 보이건만 죽은 사람의 모습은 보이지 않는다. 아파트, 병원, 식당, 술집, 지하철, 버스, 비둘기, 참새, 지렁이, 쥐, 개, 고양이에 물고기까지 얼추 있을 건 다 있는데 묘지는 보이지 않는다. 사람의 뼈가 담긴 항아리를 모시는 빌딩 하나 정도는 보일 만도 한데 아무리 둘러봐도 없다. 돈벌이가 될 법한 일인데도 죽은 사람을 모시는 장소는 도시의 어느 곳에서도 찾을 수 없다.

 도시의 사람들은 왜 죽은 이와 함께하려 하지 않을까? 자신도 죽는다는 걸 잊고 사는 걸까? 아니면 죽음은 가까이하면 안 된다고 생각하는 걸까? 몸 어딘가에 달고 살지 않는 사람은 없건만 무엇 때문에 죽음을 멀리하게만 되었을까?

아파트를 가만히 보고 있으면 도시의 묘지 같다는 생각이 들던 때가 있었다. 켜켜이 쌓이며 하늘을 향해 치솟은 고층 아파트가 어찌하여 무덤처럼 보였을까? 어지러울 정도로 욕망을 좇는 인간의 모습이, 살고자 하기보다는 죽고자 하는 몸짓으로 다가왔기 때문일까?

내 집 주위에는 무덤이 네 개 있다. 그래서인지는 몰라도 죽음을 멀리해야 할 대상으로 보지는 않는다. 그렇기는커녕 가까이하려고 노력하며 산다고 해야 맞을 듯싶다. 분명한 것은 죽음도 삶의 일부라는 것이다. 죽음을 가까이하며 살 때, 사람들은 끝없는 욕망의 추구에서 조금은 자유로울 수 있지 않을까? 좀 더 겸손한 존재가 될 수 있지 않을까?

서울의 고층 빌딩 속에서도 죽은 사람의 집이 드물지 않게 보이는 모습을 그려본다.

흔한 일

 길을 걷다 보면 지렁이가 **빼빼** 말라 죽어 있는 것쯤은 흔히 볼 수 있는 일이다. 매미나방 애벌레나 사슴벌레가 사람의 발이나 자동차 바퀴에 깔려 뭉개져 있는 모습도 드물지 않다. 그들에 비하면 커다란 동물인 쥐, 토끼, 고양이 그보다 큰 너구리, 고라니가 죽어 있는 모습도 심심치 않게 보게 된다. 멧돼지가 차에 치이기도 하지만 그땐 자동차 주인이 가져가서 길에 나뒹구는 모습을 보기는 어렵다.

 어젠 윗집 여자가 죽었고 오늘은 지인의 어머니가 돌아가셨다는 연락을 받았다. 얼마 전엔 서울에 살던 친구가 저세상으로 갔다. 사람의 죽음도 산속 동물들의 사체를 보는 것만큼이나 흔한 일이다. 응급차가 마을로 들어왔다 나가는 것을 볼 때마다 사람이 죽었다는 말을 듣는 일이 요즘 따라 많아졌다. 살 만큼 살았다는 말을 듣는 사람들이 마을 곳곳에 있기 때문이다.
 꽃잎이 날리고 잎이 떨어져 바람 따라 뒹굴 듯이 흔하고 흔해서 흔하다는 말을 쓸 필요조차 없는 게 죽음이다. 나도 언제 숨이 끊길지 모르는 채 살고 있다. 죽음은 하늘 아래 어디를 바라봐도 널려 있다.

날갯짓

"쎄에에에에."

마당 가 향나무 밑을 지나는데 새가 내 머리를 긁듯이 스쳐 지나며 날아간다. 거친 소리와 함께 날카로운 바람이 일었다. 멀리서 보면 더 이상 부드러울 수 없을 것 같은 몸짓이건만, 손을 뻗으면 닿을 정도의 거리에서 와닿는 새의 날갯짓은 억세고 거칠다는 말로는 부족할 정도로 위협적이다.

물까치가 새끼를 키우는 시절이다. 또 별다른 생각 없이 둥지가 놓인 나뭇가지 아래를 지나다 공격을 받았다. 달려드는 물까치의 날갯짓엔 억센 힘과 함께 발톱의 날카로움까지 따라붙었다.

재빨리 나무 밑을 벗어났다. 새끼들에게 해를 끼치지 않을 동물이란 걸 알려주는 방법 외엔 달리 취할 방법이 없다. 물까치를 잡아먹을 생각이 없으니 전쟁을 할 이유도 없고…. 제 딴엔 목숨을 걸고 덤비는 짓인데, 피해 줘야지 어찌하겠는가?

땅에 햇살이 내리다

 땅을 바라볼 때마다 형님이 생각난다. 형님이 땅속에 묻히고 난 뒤부터다. 땅덩어리 전체가 형님으로 다가온다.

 형님을 밟는다고 생각하니 발에 힘을 주기도 저어된다. 발바닥에 닿는 땅도 그전에 비하면 부드럽고 폭신한 느낌으로 와닿는다. 나도 돌아갈 곳으로 보이니 새삼 귀하게 와닿는다.

 땅은 뭇 생명들을 태어나게 한 책임을 다하겠다는 듯 품도 넓게 모든 것을 받아들인다.

 '다 나의 자식이니 내 품에 거두리로다.'

 땅의 말씀이 들리는 아침, 햇살이 살포시 내려앉으며 땅을 반짝이게 하다가 은근슬쩍 스미는 모습을 본다.

 햇살도 땅인 것을 알지 못하고 살았구나!

꽃기린

 일 년 내내 꽃을 피우는 식물이 있다. 봄부터 가을까지는 마당에서, 겨울엔 방안에서 아내가 키우는 식물이다.

 아무리 심성이 좋은 사람이라고 해도 얼굴을 찡그리거나 화를 내며 욕을 하는 때가 있는 법인데, 어찌 늘 웃으며 살아갈 수 있는 것일까? 나는 그 나무만 보면 머리를 숙이고 싶다.
 내가 화를 내는데도 웃음 지으며 다가오는 사람도 있으니, 일 년 365일 사람 좋은 얼굴로 살아가는 이가 없으리란 법은 없다. 내가 만나지 못했다 해서 없다고 단정할 수는 없는 일이다. 많고 많은 식물 중에서도 일 년 내내 꽃을 피우는 식물을 만난 건 그 나무가 유일하니, 사람 중에 그런 사람이 있다 해도 내가 만나지 못했을 가능성은 남아 있다.

아니다! 그런 사람이 있다. 언제나 웃음 띤 얼굴로 내게 다가오는 사람이 있다. 만날 수 없거나 돌아가신 사람들이다. 저 산에 들에, 강 혹은 바다에, 어디에나 깃들어 있는 그런 사람이 있다.

매미나방 애벌레를 받아들이다

집 앞길을 걷자니 온통 매미나방 애벌레의 사체다. 그 위를 애벌레들이 기어가고 있다. 나도 두 발로 엉금엉금 기듯이 살피며 걸었다. 애벌레의 주검을 밟지 않고 걸으려 했으나 가능하지 않았다. 이미 죽은 애벌레들이야 밟은들 어떠랴. 기분이 좋진 않지만 신발로 감싼 발이니 구태여 엄살을 떨 일도 아니었다. 타박타박 걸어 나갔다. 산 놈들을 가리며 발을 옮기느라 눈길을 발 앞에서 떼지 못했다. 동료의 사체 위를 기어가는 놈들도 죽은 애벌레들만큼 많다. 흐이구, 한숨이 절로 나온다. 뭐가 이렇게 많은가?

그런데 아차, 시선을 발 앞에 두고 걷자니 눈앞을 흔들며 어른거리는 무엇인가가 얼굴에 걸린다. 두레박 타고 내려오는 선녀는 아무래도 아니다. 털이 숭숭 온몸을 뒤덮은 벌레다. 길 위로 뻗은 나뭇가지에서 잎을 갉아 먹다가 실을 뽑아내며 타고 내려온다. 무심코 걸어 나가던 내 머리에 옷에 얼굴에 툭툭 내려앉는다. 타잔이 되어 나무 사이를 날아다니며 한때의 즐거움을 만끽하는 것만 같다.

발 앞을 신경 쓰랴 눈앞 허공을 살피랴, 눈 두 개 갖고는 부족한 상황이 벌어졌다. 할 수 없었다. 발 앞은 젖혀두고 눈앞의 나뭇가지 아래를 살피며 나아갔다. 밟혀 죽는 놈들은 운명이니 내가 어찌해 볼 일이 아니다. 능력 밖의 일에 신경 쓰다 보면 나까지 어떤 험한 일을 당할지 알 수 없다.

그런데 요놈들은 어찌 어린놈까지 예쁜 구석이 없는가! 큰놈들에 비한다면 부드러운 구석이 없는 건 아니나, 손을 뻗쳐 만지고 싶거나 가만히 바라보며 웃음 짓고 싶은 마음은 일지 않는다.

그러나저러나 왜 이렇게 많은가? 포도나무와 사과나무, 배나무, 앵두나무 등에 부랴부랴 농약을 친 게 며칠 전이었다. 가만히 두었다가는 나무까지 죽겠다는 생각이 일었다. 잎만이 아니라 콩알만 한 열매까지 마구 먹어대고 있었다. 잎이야 다시 돋아나겠지만 기력이 소진돼서 내년엔 열매를 맺지 못할 수도 있는 일이었다. 더 늦기 전에 약을 친 덕인지 집 주위에 심은 과일나무들은 그나마 제 모습을 찾아가고 있다.

작년에도 올해와 비슷한 상황이었다. 그땐 애벌레의 이름이 무엇인지도 몰랐다. 뉴스를 듣고 인터넷을 뒤져서 알아낸 이름이 '매미나방 애벌레'였다. 기후 변화의 영향으로 일어나는 현상이라고는 하지만 마뜩잖은 일이다.

 어찌해야 하나? 문제는 방법이 없다는 것이다. 대처할 수 있는 방법은 이곳을 떠나는 것이 유일하다고 할진데, 쉽지 않은 일이다. 우선 쫓겨 가는 것이 싫다. 별천지가 어딘가에서 기다리고 있을 거란 생각을 나는 하지 않는다. 그런 생각을 버린 지는 손으로 얼추 꼽아 봐도 십여 년을 가볍게 넘긴다. 지금까지의 생활을 정리해야 한다는 부담감도 만만찮다. 나 혼자 사는 삶이라면 큰 문제가 아닐 수 있다. 하지만 나는 아내와 함께 산다. 아내는 이곳을 떠나기 싫어한다. 이미 그냥저냥 살아갈 만한 기반을 마련한 상태이니 왜 그렇지 않겠는가? 그렇다고 나방 애벌레 때문에 아내와 헤어져 산다는 것도 좀 우습다.

 별다른 해결책이 서지 않는다. 부딪히면 부딪히는 대로 살아갈 수밖에 없다는 생각이 이쯤에서 슬쩍 끼어든다. 나를 보고 전원시인이라고 하질 않는가? 전원시인이 자연 현상을 부정하며 벗어날 궁리를 하는 것은 자연스럽지 못한 일이다.
 결국은 무대책이 상책이란 말을 수긍하면서, 흐름에 나를 맞추는 지금까지의 방식대로 나아가자는 데서 어지러운 생각의 조각들을 내려놓는다.

매미나방 애벌레에 대해 얘기하고 있지만 이상한 현상들은 그것만이 아니다. 마른장마가 지나고 난 뒤에 장마철인 듯 비가 내리기도 하고, 눈이 오지 않는 겨울이 오기도 하고, 봄인 듯하다 여름이 오고 가을인 듯하다 겨울이 오기도 한다. 춥지 않은 겨울이 지나기도 하고 추운 봄이 흐르기도 한다. 가을에 장마철같이 비가 내리기도 한다. 십여 년 전까지의 봄 여름 가을 겨울과는 다른 계절의 흐름이다. 보이지 않던 손가락만 한 벌레들이 보이고 들판에서 번성하던 참새들이 산마을인 이곳에서 떼를 지어 날아다닌다.

　사람이 지구에서 번성하고 있는 건 지금의 환경이 그들에게 적합하다는 것일 터이다. 그런데 이렇게 눈에 띄게 기후가 변하다 보면 사람에게 가혹한 환경이 언제 펼쳐질지 모를 일이다. 그때가 멀게 느껴지진 않는다.
　이 땅에선 수많은 생물 종이 나타나 번성하다가 멸종되었다. 나는 인간만이 예외일 수는 없을 거라고 생각한다. 인간은 예외가 될 수 있을 만큼 몸과 정신에 결함이 없는 동물이 아니라는 생각에 미치면 더욱 그렇다.

　나는 받아들일 것이다. 어떤 흐름이 이어지건 묵묵히 받아들일 것이다. 한 가지 목덜미를 잡는 게 있기는 하다. 자연의 흐름에 순응한다는 것이 '노예적인 생각은 아닐까?' 하는 의문이다. 이 세상에 자연 아닌 것이 없다고 하는 말이 틀린 말은 아니라고 생각하면서도 멈칫하게 되는 까닭이다.

노예의 삶도 자연스런 모습이긴 하지만 나는 노예가 되어 살 생각은 없다. 하고 싶지도 않은데 어쩔 수 없이 해야 하거나, 자신의 선택과는 상관없이 그렇게 살 수밖에 없는 삶을 받아들이고 싶지는 않다. 나는 언제든 다른 삶을 선택할 수 있는 자유를 포기하진 않으려 한다. 이게 아니라고 판단되는 때가 온다면 박차고 떠날 수 있다.

크게 본다면 자연의 모든 존재는 운명에 따라 흘러간다. 내가 생각하는 자연은 하나의 몸체다. 즉 자신이 모든 것이다. 운명 또한 내 몸이니, 흘러가되 스스로 흘러간다. 누군가의 힘에 따라 움직이는 것이 아니라 스스로 움직인다. 따라서 자연의 모든 존재는 주체적이다.

누군가의 뜻에 따라 움직인다고 하는 사람들도 이 지상엔 많다. 자신의 시선이 가닿는 곳에 그려지는 상을 보는 것일 게다. 자신이 보는 대로 이 세상은 존재할 수도 있다. 그러나 그런 관념의 세상보다는 '감각으로 감지할 수 있는 바에 충실하면서 이 세상의 실체를 더듬어보는 게 좀 더 나은 방식이 아닐까' 나는 생각한다. 인간이 이 세상의 부분이라면 전체 또한 감지할 수 있지 않을까?

사람은 절대적인 독립자가 될 수도 있고 누군가의 피조물이 되어 그의 뜻대로 살아갈 수도 있다. 나는 독립적인 존재가 되고 싶다. 어차피 살고 싶은 대로 살게 되어 있는 게 세상살이가 아닌가?

제2부
벗어날 길 없다면 당당히 가야지

까만 봄

 아내가 팔을 뻗어 젖병을 내미니 더는 도망가지 않고 입을 열어 꼭지를 빤다.

 "어이구, 이젠 잘 먹네."

 함박웃음을 짓는 아내의 얼굴을 보니 나도 씩 웃음이 난다.
 함께 태어난 다른 세 마리에 비하면 눈에 띄게 덩치가 작다. 태어나서부터 기운이 없어 보이기는 했다. 한 배에서 세 마리가 나오다 보니 그리 됐을 게다. 그래도 별 염려는 하지 않았다. 같은 날에 한 마리를 낳은 놈이 있으니 달라붙어 젖을 먹겠지 싶었다. 그러나 그렇게 되지는 않았다. 세 놈은 지어미를 따라다니며 한꺼번에 달려들어 젖을 먹었다. 잽싸게 달려들어 두 개의 젖꼭지를 먼저 차지하는 형제들에게 밀려 약해 보이는 놈은 좀체 젖 맛을 보지 못했다. 항상 배가 고픈지 꼬리를 뒷다리 사이에 넣고 등을 둥글게 하여 다니면서 메마른 풀줄기며 콩깍지 같은 걸 끊임없이 씹곤 했다.

새끼들이 태어난 날은 12월 18일, 한창 겨울이 진행되는 때였다. 아직 추위다운 추위는 몰아치지도 않았다. '얘들이 죽지 않고 살아남을 수나 있을까?' 의문이 솔솔 피어났다. 다행히 며칠 동안은 포근했다. 세 마리에서 일곱 마리로 불어난 흑염소 우리는 그사이에 화들짝 일렁였다. 거무튀튀한 색깔로 착 가라앉아 겨울을 맞고 있던 우리에 활기가 가득 찼다. 파다다닥 쿵따다닥 다다닥, 있는 힘껏 내달리다 휙휙 튀어오르고 팽그르르 돌고 옆으로 기웃기웃 뛰어오르며 넘쳐흐르는 힘을 어찌할 줄 모르는 새끼 흑염소들의 몸짓으로 달아올랐다. 겨울 속의 봄이었다. 겨울의 북풍 따위야 아랑곳하지 않는 열기였다.

그런데 봄인데도 봄을 맞아들이지 못하는 새끼 흑염소가 있었다.

"저놈은 아무래도 살지 못하겠는데."
"글쎄말예요."

더는 보고 있을 수 없었던지 아내는 옆집에 가서 젖병을 얻어왔다. 새끼들이 태어난 지 20일 정도 됐을 무렵이었다. 처음엔 사람 손이 닿자마자 '꼐엑꼐엑' 소리를 지르며 벗어나려 몸부림

쳤다. 젖꼭지를 물려도 먹질 않았다. 억지로 입에 대어 우유가 한두 방울 흘러 들어가게 만들었다. 서너 번째에야 젖병의 꼭지를 빨았다. 그리고 한두 번 더 잡아 먹이자 일이 수월해졌다. 손을 뻗어 젖병을 내밀며 오라고 하면 멈칫멈칫 다가와 젖병을 빨았다. 이윽고 철망 밖에서 젖병 꼭지만 들이밀며 불러도 다가와 빨아댔다. 꼭 아들이 젖을 먹을 때의 모습이었다.

아내가 준 우유를 받아먹으며 기운이 오른 새끼는 다른 놈들과 섞여 뛰기 시작했다. 흑염소 우리 안은 진정 봄다운 봄이 되었다. 얼음 바람이 본격적으로 밀려오고 있는 중에도 새끼 흑염소들은 자신들이 일으켜 세운 봄의 세상 안에서 신나게 뛰어놀았다. 새끼들에게 겨울은 이미 없다. 그러나 어찌할 것인가? 저놈들이 다 큰다면.

한참 동안 물끄러미 바라보다 돌아서면서 나는 가슴 한쪽이 아린 감을 느낀다. 새끼들이 크면 장사꾼에게 팔거나 원하는 사람에게 탕을 끓여주거나 건강원에 넘겨야 한다. 이번엔 어려운 일이 하나 더 늘었다. 우유를 주면서 키우며, 떨궈야 할 정을 오히려 더하고 있는 저 어린놈을 어쩔 것인가? 아무래도 작은 일은 아니다. 산다는 건 봄이나 여름 혹은 가을이기보다는 설원을 헤치고 나아가는 겨울이라고 생각하면서도 못내 쓸쓸함을 떨치지 못하는 건, 아직 내겐 살날이 꽤 남아 있다고 느끼기 때문일까?

빗소리

 오늘처럼 집을 쓸어버릴 듯 비가 쏟아지는 날이면 잠결에 들려오는 빗소리에 그날이 실려온다.

 계곡물이 양쪽으로 갈라졌다가 합쳐지며 마련된 섬에서 살던 부부가 있었다. 섬의 가운데에 섬 같은 집을 짓고 주위의 밭을 갈며 지냈다. 마당 귀퉁이엔 빨간 눈의 하얀 토끼도 키웠다. 집 앞엔 집만 한 나무가 수호신인 듯 서 있었다.
 낮이 가고 밤까지 지나가는데도 비가 그치지 않는 날이었다. 그토록 무겁게 지붕을 때리는 빗소리를 처음 들었다. 빗소리를 뚫고 들려오는 사람의 소리에 방문을 여니, 계곡을 바라보는 사람들이 보였다.
 섬 위로 물이 넘쳐흐르고 있었다. 집 앞의 나무가 쓰러져 집과 함께 떠내려가고 있었다.

봉분 위에 피신해 있던 부부 중 남자가 나무 작대기를 잡아 짚으며 물줄기를 가르기 시작했다. 물에 잠기지 않은 섬 안의 땅을 향해 몇 걸음이나 옮겼을까? '휙' 물줄기에 휩쓸린 남자의 모습이 보인 것도 잠시였다.

여자는 봉분 위에서 남편을 휘감아 내려간 물줄기를 바라보며 앉아 있었다.

장마가 끝난 뒤, 모래와 돌로 허옇게 빛나는 섬에 불도저가 들이닥쳐 둑을 만들기 시작했다.

"요 앞 섬에 살던 아줌마 알지? 배가 불러 이 마을 저 마을 떠돌아다니다가 죽었다더라. 애가 거꾸로 나오는 바람에 그만."

누나의 말은 뒷산에서 들려오는 메아리처럼 다가왔다.

오늘처럼 빗소리가 무거운 날은 서둘러 잠에 들어도, 그 여자의 멍청한 눈빛이 나를 흙빛 물속으로 잠기게 한다.

더 어두워진다 해도

어둠이 깔리는데, 하루 종일 가만히 있던 전화기가 울린다.

"어, 승도! 난데, 여기 모운동에서 주문리로 내려가는 길인데 좀 와줄 수 있어? 술을 먹었는데, 어질어질해서 차를 세우고 잠깐 잠을 잤더니 시동이 걸리질 않네. 배터리가 방전된 모양이야."

모운동은 내가 사는 망경대산의 반대편 경사면에 위치한 마을이다. 광산이 돌아갈 땐 빛나는 마을이었다고 한다.

"한창땐 외지에서 일을 하려고 사람들이 많이도 왔지. 막차를 타고 들어오는 사람들이 대부분이었는데, 산길을 오르락내리락 돌고 돌아 언뜻 눈부신 세계가 눈에 들어왔을 때 '야 산중에 뭐

이런 세상이 다 있나!' 하고 놀라는 거였지. 그리고 버스에서 내려 다방과 술집이 어우러져 걸판지게 돌아가는 광경에 또 놀라고, 술에 취해 잠에서 깨어난 아침의 거무튀튀한 모습에 다시 놀라곤 했지."

 처음 찾아온 사람들이 세 번이나 놀라곤 했다는 이장의 말이 허풍으로 들릴 만큼 마을은 그때의 모습을 찾아보긴 어렵다. 극장까지 있었다는 마을이지만 떠날 사람은 다 떠난 뒤에 찾아 들어온 사람들이 새로 단장하여 탄광촌의 모습을 벗겨버렸다. 구세군 연수원도 들어서고 폐교된 초등학교 건물은 펜션으로 바뀌었다. 판화 미술관이 들어서고 집들은 지붕을 개량하고, 벽화도 그려 넣고 마을 중앙엔 소규모 공연 정도는 할 수 있게 야외무대도 설치했다. 갱도 입구까지 산책로도 정비했다. 관광지로 변모시키려는 이장의 노력이 돋보였다. 그러나 관광지라고 하기엔 썰렁한 모양새다. 농사를 짓는 전통적인 농촌도 아니고 관광지라고 하기에도 애매하니 그저 산촌이라고나 해야 할까?
 방문을 열고 나가 집 앞에 세워둔 차까지 가는 짧은 시간에도 머리를 적셔 축축해질 만큼 비는 꽤 굵직한 방울로 내렸다. 우산을 쓰고 나올 걸. 잠시 후회하는 마음이 스쳤으나 되돌아갈 정도는 아니었다.
 바람 소리가 엔진음을 뚫고 차 안까지 흔들었다. 낙엽이 빗속을 어지럽게 날며 차 앞 유리 밖의 세상을 조각내곤 땅으로 내리거나 등성이 너머로 날아간다.

  등성이 굽이 길을 돌 때마다 '낙엽에 바퀴가 미끄러지지나 않을까?' 하는 염려가 따라붙었다. 비에 적셔진 잎이 빗물에 번들거리는 아스팔트에 떨어지자마자 달라붙어 길은 온통 낙엽으로 덮였다. 길가의 소나무와 아카시아, 참나무, 낙엽송, 사시나무 등의 잎이, 비바람이 몰아칠 때마다 도로 위 하늘을 가린 나뭇가지들로부터 떨어져 길을 덮었다. 수천수만의 군인들이 뒤엉켜 죽은 도로였다. 피비린내가 차 안까지 스며들었다. 그렇다고 차를 세울 수는 없었다. 깜깜한 숲속 길이다. 귀신이 떼거리로 몰려들어 끌고 가도 모를 길에서 차를 세우고 뭘 어쩌자는 것인가? 가야 한다. 목적지가 있으니 그곳까지 가면 된다. 목적지도 없이 가야만 했던 길이 몇몇이었던가?

  우구 아빠가 모운동엔 웬일인가? 하긴 동네가 다르다 하여도 좁은 지역이다. 모운동에 아는 사람이 있어 술 한 잔 나누러 왔다는 것이 이상한 일일 수는 없다. 이상한 건 그게 아니라 내게 전화를 한 거다. 함께 있던 사람에게 전화를 하면 될 것을 왜 내게 했을까? 차가 없는 사람 집에 왔었나? 아니면 술을 마시다 서로 다투기라도 했나?

  길옆으로 살짝 들어간 곳에 새로 지은 집이 보였다. 길이 있으니 외딴 산중의 높은 곳이라고는 해도 집이 들어선다. 아래서 위로, 위에서 아래로 구불구불 이어진 길은 자동차가 아니라면 오갈 엄두도 내기 힘든 곳이다. 탄광이 없었다면 찻길이 날 수 없는 산이다. 마을과는 동떨어진 외딴 산중을 찾아 들어온 사람이 문득 보고 싶다.

 나도 이곳에 들어올 때 사람을 찾아 들어온 건 아니었다. 산 위를 향해 구불텅구불텅 등성이를 돌길 몇 번, 산정쯤 되겠다 싶은 곳에서 내려 보니 중턱쯤이었다. 안내해 준 사람이 가리키는 곳을 보니 길 위쪽에 낡은 오두막 한 채가 있었다. 다른 집은 보이지 않았다. 겨울로 들어선 무렵이어서 그런지 황막하게만 와닿는 산등성이에 들어선 집과 주위의 밭 풍경이 마음을 끌었다. 즉시 주인을 만나 계약을 했다.
 비어 있던 오두막을 고치는 중에 산비탈을 타고 띄엄띄엄 들어서 있는 집이 10채 정도 된다는 걸 알았다. 어차피 농사를 지으며 살기로 마음을 먹었으니 없는 것보다는 나으리라 생각했다.

 산을 넘어 등성이를 돌고 돌며 내려가는 길에도 낙엽들이 뒤덮였다. 여기까지 오면서도 미끄러지지 않았는데 뭐 어쩌랴 싶은 생각이 들자 마음이 좀 편안해지는 느낌이 들었다. 그때서야 모운동의 불빛이 차창 밖으로 반짝였다. 전국에서 탄질이 제일 좋았다고 하는 옥동탄광의 본거지가 있던 마을이다.
 으응! 저 차인가? 근데 여기는 마을을 벗어난 길이 아니잖나? 모운동을 살짝 벗어난 길가라고 했는데….
 마을로 접어들어 산 아래로 내려가는 길을 향해 가는데 허연

차가 길가에 세워져 있었다. 마을의 외곽이라고 하기에도 어색한 곳이었다.

마을을 벗어나 길가를 살피며 조심조심 차를 몰았다. 산모퉁이를 돌아나갈 때는 더욱 천천히 나아갔다. 차는 보이지 않았다. 아까 그 차가 맞나? 하는 생각이 들었지만 조금만 더 내려가 보자고 마음을 먹었다. 술을 마신 상태니까 거리 감각이 떨어져서 꽤 벗어난 거리를 '살짝'이라는 말로 표현했을 수가 있었다.

모운동과 산 아래 강변 마을인 주문리의 중간 지점까지 갔으나 차는 여전히 보이지 않았다. 이왕 중간까지 내려왔으니 주문리까지 가보자. 가는 길에 발견하면 다행이고 아니면 다시 올라가면 되겠지. 어차피 폭이 좁아 차를 돌리기도 어려운 길이었다.

산 아래로 내려가자 구제역이 번질 때 돼지를 파묻은 지점이 길옆으로 보였다. 돼지를 묻은 이후 양돈장은 폐쇄됐다. 그때 돼지들은 생매장을 당했지만 양돈장 주변에 살던 네다섯 집은 축복을 받은 거나 다름없었다. 돈이 없어 이사를 가지도 못한 채 똥 냄새에 파묻혀 살아야 했던 사람들이었다.

언덕 같은 야트막한 산 하나로 분리돼 있던 대부분의 주문리 주민들도 쾌재를 부르긴 마찬가지였을 것이다. 누군가를 위해 또 다른 누군가는 심각한 피해를 당해야만 하는 세상살이다. 나라 차원에서는 그나마 이득이 되는 것인지, 축산진흥정책을 세워 축사를 짓고 가축을 기르는데 돈을 지원하면서 행정 서비스까지 제공하고 있다. 가축을 기르는 사람 입장에서 보면 소중한 나라다.

고기 맛을 풍성하게 볼 수 있게 된 일반 사람들에게도 괜찮은 나라일 수 있다. 그러나 축사 주위에서 살아가는 사람들에겐 돼지 같은 나라다. 축사 주위의 생태계에게도 마찬가지다.

다 좋을 수만은 없다고 한다면 피해를 보는 사람들에겐 응당 보상이 따라야 하건만 그런 일은 피를 토하며 달려들어 한바탕 싸움을 해야만 겨우 조금이나마 손에 쥐어지는 것이니 웬만한 일은 그저 얼렁뚱땅 넘기게 된다. 정 못살 정도가 아니라면, 떨치고 일어나 나라와 싸우는 일은 좀체 일어나지 않는다. 다행인지는 몰라도 돼지 축사에서 나오는 냄새는 가까운 곳에 사는 사람들에겐 지옥이나 다를 바 없다는 인식이 퍼져 새로 짓는 일은 거의 없어졌다.

돼지를 묻은 지점을 지나자마자 차를 돌렸다. 모운동을 벗어나기 전에 길가에 세워져 있던 차가 틀림없다는 확신이 들었다. 아무리 술을 먹었다 하더라도 산을 다 내려와서까지 '모운동을 살짝 벗어난 길가'라고 생각하진 않았을 터였다. 차를 타고 10분 정도 걸리는 거리였다.

내려온 길을 되짚으며 올라갔다. 올라가는 길에도 내려갈 때와 같이 차 한 대 만나는 일이 없었다. 자칫 길을 벗어나 나무를 들이받거나 낭떠러지로 떨어지진 않을까 하는 염려에 바짝 긴장된 상태로 앞을 살폈다.

내 차를 본 우구 아빠가 손을 흔들었다. 한참 만에 전화를 받은 우구 아빠에게, 내려왔다가 다시 올라가는 중이니 좀 더 기다리라고 얘기를 해 놔서일 게다. 차를 옆에 세우고 내렸더니 민망하다는 듯 슬쩍 웃음을 지으며 다가와 손을 내민다.

"좀 아까 내려가면서 보긴 봤는데 그냥 지나쳤었죠."

휴대전화로 불을 밝힌 채 배터리 선을 내 차에 연결하는 우구 아빠의 뒤에 서서 한마디 툭 건넸다.

"빠앙."

경적을 짧게 울리며 우구 아빠는 집을 향해 떠났다. 오랜만이라 그렇겠지만 우구 아빠도 많이 늙었다. 요 몇 년은 일 년에 한 번 정도 본 것 같으니 소원하게 지낸 셈이다. 내가 망경대산에 정착한 그해에 만났으니 20년이란 세월 동안 어울린 사람이다.

"안녕하십니까! 시를 쓰신다며?"

농협 앞에서 수염과 머리를 길게 기른 도사풍의 남자가 내게 말을 걸었던 것이 1998년 봄 혹은 여름의 어느 날이었다. 김삿갓 생가 옆에 집이 있다고 해서 찾아갔더니 내 아들만 한 아이가 있었다. 이름이 우구라고 했다. 그다음 만남부터 호칭을 '우구 아빠'라고 했다. 나보다 나이가 세 살 더 먹은 이유로 경우에 따라 형이라고 부르기도 했다. 그 뒤로 가끔 만나며 서로 아는 사람을 소개하여 여덟 명이 함께 어울렸다. 고향을 떠났다가 돌아온 한 사람을 빼고는 다 외지인이었다.

우구와 내 아들인 현준이는 유치원부터 시작해 초등학교와 중학교를 함께 다니게 되면서 단짝이 되었다. 비록 우구는 영월공고로 현준이는 영월고등학교로 갈리게 되었으나 군대에 있는 지금까지도 하루가 멀다 하고 전화 통화를 하며 지내고 있다. 상근예비역으로 집에서 출퇴근을 하며 군 생활을 하고 있는 현준이에게 우구는 휴가를 나올 때마다 찾아와 밤새워 놀다가 간다. 그에 비하면 나와 우구 아빠나 현준 엄마와 우구 엄마의 사이는 예전만 같지 못하다. 여덟 사람이 가족을 동반하여, 여름은 강에서 겨울엔 각자의 집을 돌아가며 만나 술도 마시고 음식도 해 먹으며 놀던 때에 비하면 휑한 바람만 부는 사이가 되었다. 두 가족은 아예 멀어져 만남이 없고 나머지 여섯 가족도 특별한 일이 없으면 일부러 시간을 내어 만나는 일은 없다. 서로에 대한 열정이 식었다고 해야 할까? 아니면 다들 나름대로의 삶이 그만큼 안정되어 있다고나 해야 할까? 그것도 아니면 나이가 먹은 탓일까?

집으로 가는 길엔 비바람이 잦아들었다. 대신, 불빛이 없다면 한 걸음도 나아가기 힘든 지경의 어둠이 온 세상을 덮었다. 몰아치던 폭풍우마저 삼켜버린 듯한 캄캄함이 앞을 막았다. 자동차

전조등이 없다면 헤쳐 갈 엄두조차 나지 않을 일이었다. 피할 수만 있다면 과다하다 싶을 정도로 다가오는 비나 바람, 폭설, 이 어둠까지도 피하는 것이 좋을 것이다. 과다함은 잠시거나 하룻밤을 넘기기 힘들다. 길어도 하루나 이틀 이내이다. 하루나 이틀이 길고 긴 시간일 수 있다. 그 사이에 어찌해 볼 수 없는 불상사가 일어나 생이 끝날 수도 있다. 그러나 피하고 있으면 대부분은 별일 없이 지나게 돼 있다.

하지만 다시 생각하면 꼭 그런 것도 아니다. 피한다는 것도 기실 얼마나 어려운 일이던가? 자신을 죽이거나 무릎을 꿇고 노예가 되는 일이 될 수도 있다. 그러니 오늘 같은 날 밤에 산을 넘어가 일을 보고 다시 산을 넘는 일을 아무렇지도 않게 행할 수 있게 해주는 자동차에 감사하는 마음이 드는 것도 다 자연스런 일이라 생각한다. 문명도 자연의 테두리를 벗어날 수는 없는 일이니 더욱 그렇다.

집 앞에 차를 세우고 엔진을 끄니 많은 것들이 순식간에 지나간 느낌이 몰려온다. 어둠을 뚫고 방에서 새어 나오는 빛이 눈에 들어온다. 아늑한 빛이다. 밥상을 차려 놓고 나를 기다리는 아내와 아들의 모습이 잡힌다. 집과 우주는 집 한 채라는 면에서 본다면 다를 게 없는 존재다. 나는 언제나 우주라는 집에 들어 유유자적하며 지내다 집 자체가 될 수 있을 것인가?

산 너머에서 바람이 온다

 새벽을 향해 가는 밤중에 마당에 나가 하늘을 본다. 별들은 총총, 죽어간 생명들의 눈빛이 되어 빛나는데, 앞산 등성이 너머에서 산을 뿌리째 흔드는 바람 소리가 나를 향하여 밀려온다.
 태어나고 죽어가는 것들이여! 다들 어디로 가느냐?
 죽음의 고개가 눈앞에 있는데 다들 어디로 가느냐?
 살기 위해 몸부림을 쳤다 한들 저 바람을 거스른 자는 없었다. 억겁을 두고 울리는 바람 소리를 따라 나 또한 흔들리고 있다.
 벗어날 길 없다면 당당히 가야지. 끌려서 밀려서 어쩔 수 없이 가지는 말아야지. 돌아보지 말고 가야지.

황국을 따는 오후의 햇살은 노랗다

 노란 꽃 무더기가 보였다. 벌써 황국이 필 때가 되었나? 의아스러운 마음까지 들었다. 산에 들어 살면서 '푹푹 찐다'는 느낌을 처음으로 받았던 때가 올해 여름이었다. 그 무더위를 떨치고 이제 가을로 접어들었나 싶었더니 어느새 깊었다.

 간간이 기후 변화를 얘기하는 사람들의 목소리가 들려온다. 스스로 멸종의 날짜를 앞당기고 있다는 얘기가 두런두런 나오곤 있지만 대부분의 사람들은 좀 더 부유하고 편리하고 재밌는 생을 따라 나아간다. 그들의 발걸음을 어이 막을 수 있을 것인가?
 번성하다가 사라진 수많은 생물종의 흐름에서 인간도 예외일 수는 없을 것이다. 그러니 내게 주어진 시간 동안 나름대로 살다가 갈 뿐이요 떠나는 순간을 묵묵히 받아들이는 내 자세를 생각해보는 것 외에 난들 무엇을 어찌할 수 있겠는가?

오늘은 국화차를 만들기로 마음을 먹었다. 햇살은 가을답게 따사롭다. 오래 쬐어도 따갑지 않고 따뜻하면서도 덥지는 않다. 아침결의 서늘함을 피하려 걸쳤던 잠바를 벗고 햇살 아래 가볍게 서서 슬쩍 허리를 굽혀, 막 꽃잎을 펴고 해와 맞서 빛을 발하고 있는 꽃송이들을 무더기무더기 손가락으로 훑듯이 따서 바구니에 담는다.

황국을 가만히 보면 한 송이 한 송이가 해와 같다. 수많은 해가 무리를 지어 바람 따라 하늘거린다. 꽃이 피는 것과 해가 불타오르고 있는 모습은 많이 닮았다. 꽃이 지듯이, 해도 지는 날이 올 것을 의심할 수 없다고 생각하니 두 모습이 더욱 닮았다.

아이야, 너희들이 나보다 빠르구나!

작년에도 꽃을 따다 보니 점 같은 것들이 움직이고 있었다. 볼펜으로 콕 찍은 점 같은 크기의 벌레들이 꽃송이들을 점령했다. 벌들도 옮겨 다니며 손길을 방해한다.

이미 활짝 핀 것들은 너희들이 차지해라.

나는 봉오리가 부풀어 오른 상태이거나 막 열리는 황국을 따기 시작했다. 굳이 벌레들과 다투기가 싫었다. 언뜻 보면 보이지도 않는 작은 벌레들과 황국을 놓고 싸우는 내가 마음에 들지 않았다. 아직 벌레들이 침투하지 않은 봉오리들을 따다 보니 동글동글 손바닥에서 노는 황국이 아기들의 움직임처럼 다가오기도 했다.

활짝 피어봤자 새끼손톱보다도 작은 황국이라 해도, 내 몫으로 확보한 만큼 벌레와 벌들에게 주어질 양이 줄어드니 놀이 삼아 딴다는 말도 쉽게 뱉을 수 있는 상황은 아니다. 그렇다고 심각한 표정을 짓고 싶은 마음은 없다. 우리 모두 생명을 가진 상태로 있는 동안은 서로 피할 수 없는 일이라고 생각하는 까닭이다. 좋은 것도 나쁜 것도 아닌, 그저 살아가는 모습일 뿐이다. 황국을 따는 오늘의 내 손끝에 짓눌려 숨져간 작디작은 벌레들에게 미안하다는 생각이 없지 않아 드는 것도 사실이지만, 다 부질없는 짓이라고 여기며 툭툭 털고는, 한 해 동안 차로 우려 마실 분량의 황국 봉오리를 따는 손짓을 멈추지 않았다. 햇살은 내내 따듯했고 덥지 않았다.

 이제 그만하자고 손을 털며 일어서 서산으로 기울은 해를 바라보았다. 노란빛이 서산 위에서 나를 향해 뿜어지고 있었다. 영락없는 황국 한 송이였다.
 황국을 솥에 쪄서 방바닥에 보자기를 펴놓고 쏟아 펼쳐 놓으니 국화 향기가 집안을 가득 채운다. 살아서 향긋하고 죽어서도 향긋한 생물이 있어 살아간다는 것이 험악하게 보이지만은 않으니 다행이다.

미워하진 않는다

"우리 고구마밭을 갈면서 깨끗하게 잡쉈더라고요."

올해도 어김없이 멧돼지에게 바쳐진 고구마 얘기를 하는 참외밭 집 늙은 아낙의 얼굴에선 아쉬운 표정이 드러났다. 그렇다고 어찌해 볼 요량 같은 건 올해도 마련치 않은 것으로 보였다. 매년 멧돼지 밥이 되는 고구마를 어김없이 심은 심사야 알 수는 없지만 내년에도 또 심을 거라는 예상을 하기는 어렵지 않았다.

"고구마는 그만 심고 사다 드세요."
"그래도, 농사짓고 사는데 내 먹을 건 심어 먹어야죠."

아랫집 신 씨의 당부도 한마디로 사양한다. 하긴, 멧돼지가 싹쓸이를 한다고는 하지만 어찌어찌 두 노인네 먹을 만큼은 거두는 모양이었다. 거기서 더 이상의 미련을 두지는 않는 듯했다. 심고 가꾸는 품이야 아예 계산을 하지 않으니 아쉬움이 크지는 않을 수도 있겠다 싶었다. 문제는 고구마만이 아니라는 데 있었다. 내 경우만 봐도 문제는 적지 않다.

옥수수는 아예 맛도 보지 못했다. 옥수수가 막 일어갈 무렵 너구리가 몇 줄기를 쓰러뜨려 맛을 보는가 싶더니, 멧돼지가 느긋이 휴식을 취한 흔적도 남기면서 지나간 뒤엔 단 한 개도 성한 놈을 찾아낼 수가 없었다. 집에서 먹고 남는 건 형제들과 지인들에게 보내고도 여유가 있던 포도도 익을 때를 맞춰 몰려든 물까치들로 인해 반 이상을 수확하지 못했다. 누나와 형들에게 겨우 한 상자씩 나눠주니 끝이었다.

멧돼지를 피한다고 집 뒤에 심은 고구마는 밭가의 풀숲에서 태어나 자라고 있던 고라니 두 마리가 잎을 뜯어 먹어 제대로 크지를 못했고 그 옆에 심었던 콩 역시 녀석들의 먹이가 됐다. 메주를 쒀야 할 콩을 사야만 했으니 눈 한번 흘기고 넘길 일이 아니라는 생각이 들었다. 개와 함께 풀숲을 뒤져, 작은 꽁지가 빠지게 달아나는 고라니 두 마리를 보고야 만 것도 그런 이유였다. 봄에 심은 채소를 뜯어먹는 것이야 '너도 부드러운 게 좋은 모양이구나' 생각하며 넘길 수 있었으나 김장 무의 싹이 자라나기 무섭게 먹어 치워, 부랴부랴 비닐하우스 안에다 다시 씨를 심으면서 달아오르기 시작한 고라니에 대한 감정이 콩에 이르러 끓어 넘치고야 말았다.

딱따구리가 호두나무에 날아와 익어가는 열매에 구멍을 뚫어 먹는 모습도 몇 년째 보자니 손에 돌멩이가 쥐어졌다. 부드러운 회색 깃털과 크지도 작지도 않은 몸집에서 우러나오는 여유로운 날갯짓이 맘에 들었던 물까치는 포도를 비롯해 배나무와 감나무의 열매까지 나보다 먼저 쪼아 먹는 통에 보고 싶지 않은 새가 되었다. 잘 익은 커다란 고추만 골라서 씨를 파먹는 꿩 또한 그런 일이 있기 전엔 예쁜 새였다. 씨만 뿌려 놓으면 날아와 파헤치는 참새들도 농사를 짓기 전까진 고운 모습이었다.

  그래도, 농약에 불린 콩을 밭에 뿌려 새를 죽이고 덫을 놓아 고라니, 너구리, 오소리를 잡는 이 씨네나, 사냥꾼을 불러들여 멧돼지며 고라니를 없애곤 하는 박 씨네를 본받고 싶지는 않았다. 어느 쪽인가를 선택하라면 나는 아무래도 참외밭 집 노인 부부 쪽에 설 듯싶다.

  참외밭 집엘 가보면 가축들이 많기도 하다. 입구에서 짖어대는 개들부터 닭과 토끼, 오리도 있고 소도 두세 마리, 염소도 열 마리 넘게 키운다. 집 뒤편엔 벌통도 놓았다.

  나는 노인 부부가 동물들에게 화를 내는 걸 본 일이 없다. 그렇다고 자식을 대하듯이 한다고 말하고 싶지는 않다. 가축을 자식에 비유하는 건 이제 식상할 뿐더러 그럴듯하지도 않다. 숲의 동물들도 그들에겐 예외가 아닐 것이다. 산짐승들은 밭도 숲의 일부라고 인식할 것이 분명하기에 작물들을 먹는 것이 당연한 일로 보인다. 미워할 수 없는 일이다. 살려고 하는 짓을 미워할 수가 있겠는가?

숲의 동물들이 작물들을 먹는 행위는 사람에게 피해를 주기 위한 것도, 재미 삼아 그러는 것도 아니다. 자신들이 심고 가꾸는 걸 먹어도 분노의 감정을 드러내거나 그에 따른 어떤 조치를 취하려 하지 않는 노인 부부의 삶은 그런 면에서 돌아볼 여지가 많다.

매년 손해를 입으면서도 같은 작물을 또 심는 노부부의 마음을 바라본다.

버려진 강아지

마당에 서 있는데 강아지 두 마리가 길을 따라 올라온다. 마당에 들어서기 바쁘게 꼬리를 흔들며 다가와 내 두 다리에 몸을 문지른다.

"너희들 뭐야?"

한 발짝 뒤로 물러섰지만 막무가내로 몸을 내 다리에 착착 감으며 꼬리를 흔든다.

"어어, 이거 또 작은 일이 아니구만."

누군가 개를 버렸음을 직감적으로 알아차렸다. 강아지들이 길을 잃었을 리는 없는 일이었다. 이웃 사람들에게 전화를 돌려 물어봤으나 강아지에 대해 아는 사람은 없었다.

"군청에서 유기견을 관리하는 담당자가 있으니 그리 연락해 보세요."

반장의 말에 바로 전화를 걸었다.

"주인이 없는 게 확실해야 데려올 수 있거든요. 좀 더 알아보고 연락을 주세요. 혼자 담당하고 있어서 제가 지금 나가기가 어렵거든요."

담당자라고 하는 사내의 말에선 귀찮다는 투의 느낌이 전해졌다. 적극적으로 처리를 하겠다는 자세가 보이지 않았다. 어쩔 수 없는 상황이 되어서야 움직일 작정으로 보였다. 그러는 사이에 두 강아지는 집에서 기르는 개들에게 다가가 밥그릇의 사료를 먹으려다 공격을 당하곤 물러섰다.

이걸 어찌해야 하나? 사료를 준다면 아예 눌러앉아 움쩍달싹도 안 할 기세인데. 그렇다고 개 두 마리를 더 키울 수도 없고. 지금 키우는 두 마리만으로도 넘치는데.(두 마리 개도 아내가 좋아해서 키우고 있다. 나는 개를 키우는 것에 대해 특별한 마음을 갖고 있지 않다. 개를 키우고 돌볼 만큼 좋아하는 편도 아니다. 싫어하진 않는 정도라고 할까?)

궁리를 해도 답은 나오지 않았다. '거둬줄 수 없다면 일단 집에서 데리고 나가자.' 사람이 많이 다니는 곳으로 데리고 가 다른 누군가를 만나게 해주는 게 그나마 좋은 방법이란 생각이 들었다. 다행히 어린 티가 가시지 않은 앳된 모습이니 쉽게 만날 수도 있을 거였다.

개 두 마리의 줄을 산책용으로 바꾸어 아내와 내가 하나씩 잡고 집 앞으로 나갔다. 좋아라 앞서 나아가는 개들을 따라 걸었다.

"너희들도 이리 와라."

살살 손짓을 하니 강아지 두 마리도 슬쩍 따라붙었다.

버스정류장으로 가는 길을 따라 걸었다. 키우는 개 두 마리와 어우러진 강아지들은 앞서거니 뒤서거니 서로 장난을 치며 펄쩍펄쩍 나갔다. 버스가 오가는 큰길로 들어섰다. 산등성이를 깎아 만든 도로를 따라 서너 굽이를 돌았을 때였다. 앞서가던 강아지 두 마리가 길가에서 먹을 걸 발견하고 서로 먹겠다며 다툼을 벌였다.

기회였다. 서로 눈빛을 맞춘 나와 아내는 각자의 개줄을 잡아당기며 뒤돌아 뛰었다. 나와 아내의 발길을 따라 개 두 마리도 앞다투어 달렸다.

정류장에서 마을 길로 방향을 꺾고서도 달리기를 멈추지 않았다. 집이 보였다. 그래도 뛰었다. 두 마리 개도 혀를 내두르며 뛰었다. 먼저 발을 멈춘 건 아내였다.

숨을 몰아쉬는 아내 옆에 서서 강아지들이 쫓아오나 살폈다. 보이지 않았다. 안도감이 밀려들었다.

대체 이게 무슨 일인가?

벌써 서너 번째 겪는 일이다. 개를 키우는 거까지야 어찌 말리겠는가? 그렇게 좋아해서 함께 살기로 했으면 책임을 져야 할 일이 아닌가? 산중이라고 해서 아무 데나 놓고 가버리면 어쩌라는 말인가? 살다가 보면 싫어질 수도 있을 것이다. 태어나는 새끼들을 감당할 수 없는 경우도 있을 것이다. 개를 잡아먹는 사람이 점점 줄어들면서 강아지를 거저 주겠다고 해도 가져가겠다는 사람을 만나기가 어려운 요즘이다. 그렇다고 아무 데나 내버리면 어쩌자는 것인가?

나는 가쁜 숨이 가라앉기도 전에 강아지들을 떨궈 놓고 온 내 행위를 정당화시키기 위해 누군가를 탓하고 있었다. 내 생각은 물어보지도 않고 떠맡기다시피 한 그 누군가에 대해 욕을 하고 있었다. 내 나름의 방어책에 골몰하는 나를 보아야 했다.

나는 강아지들을 책임지고 싶지 않았다. 그건 내 책임이 아니었다. 누군가의 짐을 떠맡을 이유도 없었다.

그래, 나는 아무런 이유도 없이 누군가로부터 피해를 입은 피해자다. 떠맡겨진 짐을 벗어버리는 건 당연한 행위가 아닌가? 대체 누가 내게 달리게 하고, 고민하게 하고, 심지어 자신의 행위를 정당화시키고자 누군가를 욕하게 한 것인가? 대체 누가 그런 권리를 가지고 있다는 말인가?

 다시 마당에 서자 그새 땅거미가 내려앉기 시작했다. 어둠이 밀려드는데도 강아지들의 모습은 보이지 않았다. 원치 않았던, 맡겨진 짐을 내 나름대로 처리하는 데 성공했다. 그런데 이건 또 뭔가? 어둠이 점점 깊어지는 가운데 아련한 무엇이 가슴 한쪽에서 꿈틀거린다.
 두 놈은 괜찮을까? 아직 강아진데. 어린 놈들인데. 꽤 귀엽기도 했는데….

 어둠에 젖어드는 산을 배경으로 팔짝팔짝 뛰는 강아지들의 모습이 아른거린다.
 산다는 게 참 만만치가 않다.

굴뚝새 연정

 어젯밤, 연탄을 갈려고 보일러가 있는 뒤꼍 처마 밑에 갔다가 '푸드덕'거리는 소리를 들었다. 쥐 끈끈이 덫에 굴뚝새가 붙어 있었다. 연탄을 갈고 방으로 가려는데 끈끈이에 붙은 상태에서도 날갯짓을 멈추지 않는 새가 발길을 잡았다.

 끈끈이 덫에서 녀석을 떼어내는 과정에서 날개 깃털 서너 개와 가슴의 잔털이 뭉텅 빠졌다. 끈끈이 덫에 붙어 있는 털 뭉치를 보니 놔준다 해도 살 것 같지 않았다. 그래도 떼어냈으니 놓아주긴 해야 했다.

 '어둠이 짙으니 간다고 해도 어디로 가겠는가?'

 굴뚝새가 밤을 보낼 만한 돌담 틈을 찾아 넣어 주었다.

 '여기서 하룻밤 새고 기운을 차려서 가봐라.'

 굴뚝새는 내 손아귀에서 놓여나자마자 온 힘을 다해 날았다. 그러나 30㎝나 날았을까? 날았다기보다는 튀었다고 해야 어울릴

성싶었다. 다시 잡으려 하니 또 날아올라 그만큼 앞으로 갔으나 더는 날지 못했다.

다시 잡아서 돌담 위에 뭉쳐 놓은 작업복을 둥지처럼 만들어 넣어 놓았다.

'나도 더는 어찌할 생각이 없으니 알아서 잘 살아라.'

방으로 들어가며 생각하니 나도 나이를 먹었다. 덫이나 그물에 걸린 새, 뱀에게 잡아먹히는 둥지 안의 새끼들을 보아도 '운명이려니' 하고 지나치곤 했었는데.

가만히 살다 가만히 간 새를 보았다

 어미가 돌봐주지 않아도 울거나 따라다니며 보채지 않았다. 그저 홀로 먹이를 찾아 먹었다.
 커서는 천천히 운동장 안을 거닐었다. 날으려 하거나 급히 뛰지 않았다. 참새나 다른 닭들과 모이를 다투지도 않았다. 수컷이 등에 타고 올라도 태연하게 몸을 낮췄을 뿐 허덕거리지 않았다. 돌개바람이 불어도 낙엽이 굴러도 눈이 내려도 새싹이 돋아도, 가볍지도 무겁지도 않은 발걸음으로 닭장 안을 돌아다녔다.
 그러다 알을 낳는 상자에 들어가 앉아 움직임이 없었다. 딱 한 번 날개를 펴는 일이 일어난 게 그때였다. 울타리를 벗어나 밭 가장자리로 날아가 풀을 뜯어 먹었다. 그날 이후 포란을 이어가 새끼를 부화시켜 데리고 나온 뒤로는 다시 묵묵히 닭장 안을 거닐었다.
 새끼들이 다 커서 내 손에 잡혀 죽은 날에도 동요의 날갯짓 하나 보이지 않았다. 그리고 오늘, 가만히 앉아 있다가 머리를 떨구었다. 아프다는 외마디 소리조차 뱉지 않았다. 아쉽거나 슬픈 표정도 짓지 않았다.

  가만히 자라나 가만히 살다가 가만히 죽어간 그녀를 나는 가만히 들어 닭장 앞의 얼어붙은 밭 한가운델 파고 가만히 묻었다. 너를 지켜보고 있었다고 말하지 않았다. 머리를 슬쩍 숙이는 짓도 하지 않았다. 쿵쿵 삽으로 무덤을 다지지도 않았다. 흙을 덮고 발로 꾹꾹 눌러주었다. 봉분을 만들지도 않았다. 잘 가라는 말 한마디 하지 않았다.

  닭이 묻힌 땅 위로 바람 한줄기가 휘익 맴을 돌며 지나갔다. 한겨울의 어느 날이었다.

코스모스 형님

오가는 사람들이 신기루처럼 보인다
전광판이 알리는 오늘의 코로나 뉴스도 먼 세상 이야기다
빛나는 것들로 가득한 거리에
구르는 휴지 조각 과자 봉지도 눈에 거슬리지 않는다
잠시 왔다가 가는 건 거리의 쓰레기도 마찬가지,
팔짱을 끼고 서로를 바라보며 걷는 연인도 부럽지 않다
번쩍이는 차들도 나하고는 상관이 없다
중환자실로 옮겼다는 형님의 마음만이 잡힌다

살아야겠다는 의식이 자꾸만 희미해진다
—「암병동 가는 길」 전문

천안을 향해 가는 철로 가에는 코스모스가 고개를 흔들고 있었

다. 펼쳐진 들판의 벼는 누런빛을 띤 채 고개를 숙였다. 햇살은 밝았지만 순천향대학교병원의 입원 병동에 있는 형님을 생각하는 내겐 잔인하게만 와닿았다. 태평한 차창 밖의 풍경이 어둠의 침묵으로 다가오는 기이한 모습을 응시하며 나는 힘없이 기차의 덜컹거림에 나를 맡기고 눈을 감았다. 눈을 감아서 현실을 지워버릴 수만 있다면 그것도 좋을 것이라 생각했으나 어둠은 더 혼란스러운 세상일 뿐이었다. 그렇다고 눈을 뜬다 해서 달라질 리도 없는 일이었다.

천안역에서 내려 택시를 타고 병원으로 가는 길에서 눈에 들어오는 세상은 나와는 상관없는 곳이었다. 그저 희미한 신기루 정도로 보였다. 오가는 사람들도 외계의 어느 지점을 오가는 낯선 동물들이었다. 이곳이 대체 어디인가? 스스로 나를 향해 물어야 했다. 살고 싶다는 의욕이 자꾸만 사그라드는 나를 보아야 했다.

"아빠가 좀 아파요. 잠도 잘 못 주무시고 누워 있기만 하세요."

조카의 전화를 받고 뭔가 이상하다는 느낌을 떨치지 못하고 찾아갔을 때, 형님은 이미 환자의 모습을 보이고 있었다. 지팡이를 짚으며 걸어가는 듯한 어정쩡한 자세로 발걸음을 옮겼다. 콧물감기가 영 낫지를 않는다는 말을 들었을 때가 설날이었다. 그 뒤로 봄이 지나고 여름도 지나 가을이 올 때까지 콧물이 멈추질 않는다는 말을 듣고서도 큰 병이라고는 생각하지 못했다.

몸이 약한 형님이었고 요새 감기가 많이 독해졌다는 얘기를 전해 듣고 있었기에 그저 병원에서 진단을 받아보시라고 얘기를 하는 것으로 불안감을 내려놓았다. 신촌세브란스병원에 가서 종합 검사를 받아보았는데도 이상이 없다는 결과가 나왔다는 얘기를 듣고서는 내 불안감을 드러내기도 어려웠다.

찾아뵌 뒤로 일주일 정도나 지났을까? 걸어 다니는 것조차 힘들어 멈칫멈칫 겨우 겨우 걸음을 옮기는 상태가 되어서야 형님은 지역의 작은 병원에서 '어서 종합병원으로 가보라'는 말을 들었다. 그리고 순천향대학교병원의 최종 진단에서 다발성 골수종이라는 혈액암 판정을 받았을 땐, 사람의 부축을 받고서야 걸음을 옮길 수 있는 상태였다.

"세브란스병원이면 알아주는 병원 아니에요? 검사받은 때가 3개월 전인데 어떻게 아무것도 발견하지 못할 수가 있냐고요?"

형수님의 울분도 저세상 쪽으로 기울어진 형님의 운명을 돌릴 수는 없었다.

암 병동 입구에서 열 검사를 하고 방명록에 이름과 전화번호를 기록하고 들어가니 병실 출입을 담당한다는 사람이 보였다. 환자 이름을 대고 신분증을 제시하니 보호자임을 증명하는 띠를 손목에 채워줬다. 면회를 하러 온 사람들을 위해 설치해 놓은 만남의 장소는 탁자에 의자를 올려놓은 채 줄을 쳐놓고 출입 금지 팻말을 세워 놓아, 북적이는 사람들 속에 버려진 아이같이 다가왔다.

간호하다가 서둘러 내려온 형수님을 만났다. 옷도 갈아입고 필요한 물품도 챙기고 딸과 정신 장애를 가진 아들의 먹거리도 챙겨주고 입원비 보상에 필요한 보험 서류도 발급받는 등의 일도 할 겸 잠시 잠을 자기 위한 방편으로 나를 부른 것이었다.

"어제 딸을 오게 해서 아빠를 만나게 했어요. 면회가 안 되니까 저쪽 입 퇴원 수속을 하는 곳으로 데리고 가서 딸과 만나게 했다니까요. 정신이 멀쩡할 때 한 번 보게 하는 게 좋을 것 같더라고요."

서둘러 병동 밖으로 걸어가는 형수님의 얼굴에서 검은 기운이 새어 나오는 걸 보았다. 잘 다녀오시라는 인사도 못하고, 멀어지는 뒷모습을 보다가 형님이 계신 병실로 올라가는 승강기 쪽으로 발길을 옮겼다. 승강기 앞의 공간부터는 허가받지 않은 외부인은 들어갈 수 없는 통제구역이었다. 유리로 된 벽으로 가로막힌 곳의 출입문 앞에 통제를 하는 경비원이 버티고 서 있었다.

형님은 입원하기 전에 비하면 완연한 병자가 돼 있었다. 부축을 받아 걸을 수 있었던 모습이 입원하기 전이었던 데 비해 휠체어가 아니면 이동할 수조차 없는 상태였다. 먹는 것도 싸는 것도 스스로 할 수 없어 보호자 없이는 잠시도 지내기 힘든 환자였다.

수액 봉지를 매단 휠체어에 주삿바늘이 꽂힌 채로 앉아 있던 형님은 나를 보자마자 병실을 나가자고 했다. 그때부터 휠체어를 밀고 또 밀며 낮을 보내고 밤을 지새웠다. 잠을 청하려 침대에 눕혀달라고 했다가도 일이 분을 넘기지 못하고 다시 일으켜달라고 했다. 그리고 휠체어에 옮겨 밀어달라고 하길 반복했다. 그렇게 날이 새고 새로운 하루를 맞이했건만 형님의 휠체어 여행 요구는 그침이 없었다. 복도로 나가 병동의 끝부분까지 갔다가 돌려서 맞은편 끝까지 갔다가 거기서 암 병동이 아닌 곳으로 연결된 복도를 지나 외과 환자들이 있는 병실 앞을 지나갔다가 다시 돌려서 출발한 지점으로 돌아오는 맴돌이 여행을 밤낮없이 이어갔다.

"형, 좀 달리할 생각은 없어요?"
"뭘 어떻게 하냐?"

아무래도 죽음에서 벗어나긴 늦었다는 생각에 주저하며 물었으나 형님은 힘없이 한마디 내뱉고는 입을 열지 않았다. 어디 조용한 곳에 가서 죽음을 맞이하는 게 어떻겠냐는 말을 하고 싶었으나 입을 열 수가 없었다. 형님은 어떻게든 치료를 받아 일어서고 싶은 것이라고 나는 생각했다. 일어서고 싶은 사람에게 죽음을 받아들이라는 말을 할 수가 없었다.

"에이그 그것도 못 하냐!"

순가락으로 찌개 국물을 떠 입에 넣어주다가 흘리자 형님은 화를 내며 나를 꾸짖었다. 처음 겪는 형님의 모습이었다. 그런 사소한 일로 화를 표출하는 모습을 본 일이 없었다. 정이 떨어지게 하려는 의도로 보이지도 않았다. 병의 고통에 무너진 형님의 얼굴과 마주해야만 하는 아픔이 밀려왔다.

중환자실로 옮겼다는 형수님의 전화를 받고 다시 영월의 집을 떠나 제천으로 가서 천안행 기차에 몸을 실은 것은 그로부터 십일 정도가 지난 뒤였다.

 간호사의 연락을 기다리며 대기실 밖을 서성인다 기력을 회복할 희망이 보이지 않는 가운데, 약물주사와 인공호흡기로 연명하는 모습조차 지켜보지도 못하면서 이 세상과 저세상의 어느 지점을 서성인다 자정을 향해 치닫는 시간은 어느 세상에 속한 것인지
 이런 기다림도 있을 수 있다니
 옆을 스쳐가는 사람도, 불을 밝힌 상태로 밤을 덮어쓴 병원도, 면회를 차단당한 채 홀로 죽어가는 형님도 낯설기만 하다 받아들여야 한다는 마음도 덧없다 대기실 안팎을 서성이는 일만

이 내가 할 수 있는 일의 전부인 시간이 흘러간다
　　　　　　　―「죽음을 기다리다」 전문

　임종이 임박했으니 병원에 와서 기다리는 게 좋겠다는 간호사의 연락을 받았다고 말하는 형수님의 말은 내려앉을 대로 내려앉은 무거움에 젖어 있었다.
　병원에 당도하니 천안 가까운 곳에 산다던 외삼촌을 비롯한 친척들 몇이 형수님과 함께 어두운 낯빛으로 나를 맞았다.

　"왜 남자들이 여자 방으로 들어왔어? 엉! 옆에 남자 방이 있는 걸 몰라! 왜 함부로 여자 방에 들어오고 지랄이야! 나도 이젠 깡만 남았어. 내가 여기서 석달째야. 눈에 보이는 게 있는 줄 알아!"

　장례 절차에 대해 얘기해 보자는 외삼촌의 말을 따라 대기실 여자 방에 모여 앉아 얘기를 나누고 있는데 늙수그레한 여자가 들어와 길길이 나댔다. 우리는 그녀를 피해 대기실을 나와 몇몇은 주차장에 세워 놓은 차를 향해 가고 또 몇몇은 병원 뜰이나 주위를 거닐며 시간을 보냈다. 아무래도 시간이 꽤 걸릴 것 같다며 몇 사람이 집으로 돌아가기도 했으나 나는 병원 뜰을 서성이며 연락을 기다렸다. '오늘 밤은 넘어가는가 보다'고 생각하며 어디 잠을 잘 곳이라도 알아봐야겠다고 마음을 먹은 때였다. 전화기가 울렸다.

누나와 셋째 형님과 나 그리고 형수님과 조카 둘이 중환자실로 승강기를 타고 올라갔다. 중환자실 입구에서 우리들은 비닐로 만들어진, 모자와 발싸개 그리고 외투 형태의 옷으로 몸 전체를 감싸야 했다. 움직임이 없는 철제 침대 위의 사람들을 지나 안쪽으로 들어가니 형님이 누워 있었다. 움직임이라곤 오실로스코프의 화면에 보이는 심장 박동이 전부였다.

가장 오래 제 기능을 한다는 청력에 대한 기대를 간직한 채, 둘러선 사람들은 저마다 형님과의 마지막 시간을 가졌다. 손이나 발을 잡고 울부짖는 상황 속에서, 형님이 살짝 웃는 모습을 보았다며 형수님이 외쳤으나 나는 그 마지막 움직임도 보지 못했다.

오르고 내리던 화면상의 점 하나가 움직임을 멈추며 수평선을 긋는 모습을 보이자 의사의 사망 판정이 내려졌다.

"2020년 10월 10일 오후 11시 42분에 유승각 씨가 운명하셨습니다."

의사의 말에 따라 한 사람의 일생이 마무리되었다. 많다면 많을 수도 있고 적다면 적을 수도 있는 70살의 삶이었다. 남겨진 사람들의 흐느낌과 눈물은 그들이 감당해야 할 몫일 뿐이었다.

"안치실 직원이 올라올 거거든요. 수납처에 가서서 치료비 등을 납부하시고 영수증을 보여 주시면 됩니다. 그리고 여기에 서명을 해주세요."

간호사가 내미는 서류가 무엇인지 자세히 살펴보지도 않은 채 서명을 하고 나서 울부짖는 형수님을 데리고 병실을 나서면서도 나는 삶과 죽음이 이렇게 쉽게 갈릴 수 있다는 사실이 믿기지 않았다.

  나뭇잎 사이로 내려앉는 동글동글 햇살을 보니 형님의 얼굴이 떠오른다
  고개 들어 바라보니 날아가는 새도 구름도 멀리 나앉은 산도 형님이다
  집 앞 소나무도 아무렇게나 던져진 돌도 익어가는 사과도 하늘하늘 코스모스도

―「얼굴」 전문

  부모 같던 형님이 죽어 묻히니 땅이 한층 가깝게 다가온다 발걸음을 떼는 것도 조심스럽다 발을 멈추고 바라보면 웃음 짓는 형님의 얼굴이다
  남은 형과 누나도 가야 하고 나도 가야 하고 아내도 아들도 가야 하는 땅
  사랑도 미움도 전쟁도 평화도 돈도 내려놓고 가야 하는 곳

평생 떠나지 못하고 살아왔으면서도 땅과 내 몸이 붙어 있는 걸 보지 못했다

—「땅」 전문

 평소 매장을 원했던 뜻에 따라 공원묘지 한쪽에 형님을 묻고 집에 돌아오니 주위의 모든 것이 형님으로 다가온다. 죽음 앞에서 당당하길 원했던 내 바람과는 다르게 형님은 보통 사람들이 그렇듯 병에 무너진 채 가셨다. 형님의 여린 마음을 떠올리면 나름대로 자연스런 결과였다는 것을 인정하게 된다. 대부분의 사람들은 죽음 앞에서 한 마리 자그마한 초식동물이 된다.
 죽음은 인간을 겸손하게 한다는 것을 다시 일깨우는 계기를 내게 마련해주고 형님은 가셨다. 지금의 혼돈을 일으키는 코로나바이러스도 겸손한 자세로 대해야 할 대상이란 점에선 마찬가지다.

재미없다

"재미없다."

공고 3학년 여름 방학, 망상해수욕장에 함께 놀러 갔던 친구 중 한 명이 했던 말이다. 졸업을 앞둔 막막함 속에서 친구는 막연한 기대를 가지고 해수욕장을 찾은 듯했다. 고등학교 3년 내내 가장 친한 관계를 유지한 친구였다. 그가 무심코 던진 말 한마디가 60대 중반의 나이에 든 지금까지 생생하게 떠오른다. 밀려오는 파도와 백사장을 오가는 사람들을 바라보며 친구는 어떤 생각을 했을까?

나는 친구 옆에 앉아 있었으나 아무 말도 하지 않았다. 나도 재미없기는 마찬가지였으나 재미없다는 말도 재미있는 말은 아니었다.

재미없다는 말을 다시 들은 건, 군대를 갖다 와 늦게야 들어간

대학교의 문학회 행사가 벌어진 강가에서였다. 문학회 회원들끼리 1년에 한두 번 가지곤 했던 자리에, 딱 한 번 참석한 여자 회원이 강물에 시선을 두곤 말 한마디를 툭 내려놓았다.

"재미없다."

다소곳하니 말이 없던 여자였다. 그녀도 막연한 기대를 갖고 참석한 모양이었으나, 술로 하룻밤을 보내고 등산을 하거나 족구를 하다가 집으로 향하는 그저 그런 행사일 뿐이었다. 특별할 것이 없는 자리였던 만큼 그녀의 기대 또한 쓸쓸히 무너졌을 것이다.

나는 의무라도 되는 것처럼 행사에 참석하곤 했으나 재미가 없다는 측면에선 별다를 게 없었다. 재밌는 날이 될 것이란 생각을 가지고 참석하지도 않았다.

지금은 재미가 있고 없고를 생각하지 않으며 살아가지만 나도 한때는 인생이 별다른 재미가 있기는커녕 쓸쓸하다고 생각했다. 희망을 가지라고 선생은 얘기했지만 가만히 돌이켜 보면 희망의 높이가 높으면 높을수록 인생은 더 재미가 없었다. 기대가 크면 클수록 더욱 재미가 없는 것이 인생이었다.

그렇다고 희망이나 기대 같은 걸 모두 내려놓고 사는 삶이 가능한 일도 아니라는 게 요즘의 내 생각이다. 다만 희망이나 기대를 크게 가지면 가질수록 인생의 무게 또한 그만큼 무거워진다는 것은 어엿한 사실로 보인다. 그러니 희망이나 기대치의 값을 낮추어, 거기에 미치지 못하는 일이 많이 벌어지지 않게 하자는 생각으로 살아간다. 특히 내가 하는 일의 결과에 대해 많은 기대를 하지 않고 산다. 좋아하는 일을 즐기면서 하되 결과는 하늘에 맡기는 식이 내 삶의 방식이다.

8월을 맞으며

 한 달 가까이 내리지 않던 비가 내린다. 빗발이 약해진 틈을 타 아내가 밭으로 나간다. 엊그제 심은 들깨 모종 중에 죽은 게 많다고 했다.
 나는 비 오는 날을 맞아 모처럼 원두막에 올라 노래도 듣고 그동안 덮어 두었던 시작 노트도 꺼내 몇 자 적어본다.
 아내는 들깨 모종을 들고 이리저리 옮겨 다닌다. 비는 그치는 듯 그치는 듯 그침 없이 뚝 뚝 내리는데, 산 아래에서 안개가 꾸물꾸물 기어올라 와 들깨밭을 덮는다. 안개가 온산을 덮는다 해도 아내는 죽은 들깨가 있는 곳에 새 모종을 심을 거다.
 안갯속에선 모든 것이 안개가 된다. 아내는 이미 안개다. 나 또한 곧 안개가 될 터이다.
 아내여, 들깨가 죽는다 해도 아쉬워하지 말자.
 당신이 밭에서 안개를 헤치며 어슬렁거리거나 말거나 나는 원두막에 앉아 노래를 듣거나 노트에 시를 끄적거릴 거다.

제3부
사람은 더 잘살게 될까

생강나무꽃

 철문은 열린 채였다. 내 키의 절반 정도는 더 높을성싶은 높이에 뾰족한 꼬챙이가 일정한 간격으로 촘촘하게 붙어 하늘을 찌르는 문은 위압적이기까지 했다. 문을 만든 후 한 번도 닦지 않았을 것만 같은 거무튀튀함까지 더해져, 트럭을 몰고 들어가면서도 왠지 섬뜩해서 차를 돌리고 싶은 마음이 일기도 했다.

 차를 세우고 짐칸의 흑염소를 보니, 녀석은 아직도 무언지 모를 표정이다. 차에 올라 흑염소의 고삐를 채 풀기도 전에 철문 옆으로 길게 누운 단층 슬레이트 지붕 건물에서 허리가 구부정한 노인네가 나왔다. 고삐를 풀어 손에 잡고 짐칸에서 내려 끄니 흑염소는 순순히 차에서 뛰어 내린다.

 노인이 고삐를 받아쥐고 컴컴한 건물 안으로 끌고 들어갈 때에야 흑염소는 엉덩이를 뒤로 빼며 버팅겼다. 팽팽하게 버티는 흑염소의 뒷다리와 엉덩이 사이 짧은 꼬리가 밑으로 내려진 채 착

달라붙었다. 겁에 질려 있다는 걸 얼굴을 보지 않아도 알 수 있었다.

고삐를 말아쥔 노인과 흑염소 간의 긴장은 길지 않았다. 건물 안으로 끌려 들어간 흑염소가 쇠기둥에 묶이자 끝이 났다. 곧 녀석의 다리 아래로 물이 한 바가지 뿌려졌다. 이어서 전선이 연결된 날카로운 철창이 엉덩이를 찔렀다. 흑염소는 부들부들 떨면서 소리도 지르지 못하고 뚝뚝 피를 흘리며 서 있었다. 풀썩 쓰러지기까지는 그저 잠시였다.

그때를 기다리고 있었는지, 건물 안쪽에서 할머니가 모습을 드러내더니 노인과 함께 흑염소를 들어 쇠화덕 위에 올렸다. 토치램프의 불에 털이 타는 연기가 건물의 천장으로 치솟아 지붕을 벗어나 하늘을 검게 물들이며 퍼져나갔다. 지붕의 중앙을 뚫고 그 위에 작은 지붕을 얹어 만든 환기 통로를 통해 꾸역꾸역 잘도 빠져나갔다. 하지만 타는 냄새만큼은 온전히 날아가지 않고 지상을 기웃거리며 내 코를 자극했다.

나는 건물 앞을 벗어나 옆으로 걸어갔다. 기다란 직사각형 건물의 한편엔 쇠 파이프로 골격을 짜고 철망으로 사방을 둘러친 크고 작은 축사가 뒤섞여 건물과는 기역 자를 이루며 이어져 있었다. 다가가는 나를 향해 축사 안의 개들이 요란하게 짖어댔다. 잠시 멈칫했으나 상관하지 않고 다가갔다. 축사 안의 개들은 발발이 종류에서부터 내 목을 물어뜯고도 남을 대형견까지 두루 갖

취져 있었다. 흑염소들은 개가 있는 곳보다는 커다란 축사에 있었는데 나를 바라보는 눈에 두려움의 빛이 역력했다.

매일매일 죽음의 냄새를 맡으며 지내다 어느 날 자신도 그 냄새가 되어 사라지는 도축장 안의 개와 흑염소들. 죽음의 그림자가 덧씌워진 그곳에서도 개들은 짖어대고 흑염소는 눈빛을 반짝였다.

건물 앞으로 돌아오니 그새 털이 말끔히 끄슬려진 흑염소가 쇠화덕 옆의 작업대로 옮겨지고 있었다. 할아버지가 물을 뿌리고 할머니가 솔질을 하니 숯검댕이였던 흑염소는 곧 허여멀건한 고깃덩이가 되었다. 이후 두 사람에 의해 목이 잘리고 사지가 잘리고 배가 갈리고 내장이 꺼내지고 몸통이 사등분 되어 다라에 담겼다.

"머리도 드릴까?"

노인이 나지막하게 물었을 때 나는 고개를 흔들었다. 창자와 쓸개를 제외한 내장이 담긴 작은 비닐봉지와 몸통이 담긴 커다란 비닐봉지를 받으며 나는 만 원짜리 지폐 네 장을 노인에게 건넸다.

"고기가 좋네요."

돈을 받고 히죽 웃으며 노인은 인사치레인지 뭔지 모를 말을 건넸다. 그러면서 나를 지긋이 바라보았다. 흑염소! 그랬다. 흑염소의 눈빛이었다. 흑염소의 노란 눈이 나를 보고 있었다.

 도살장을 빠져나와 집으로 향하는 길에 접한 강에서도 언뜻 언뜻 노란빛이 어른거렸다. 물 위를 헤엄치는 뱀처럼 스르렁스르렁 길은 물길 따라 뻗었다. 나는 길 따라 물 따라 나아가며 강과 건너의 산을 번갈아 훔쳐보았다. 크고 작은 바위들이 강가를 따라 온갖 형상으로 자리를 잡고 앉거나 물속에 몸을 가라앉힌 채 새와 나무와 구름과 산을 희롱하며 히히덕거린다.
 몇 번을 보고서야 알았을까? 산으로 시선이 가닿았을 때 어느 순간 생강나무꽃이 언뜻 눈에 들어왔다. 강 건너 산에 핀 생강나무꽃이 물에 비쳐 강에서도 노란빛을 볼 수 있었다. 죽은 흑염소나 죽인 노인네의 눈과 다르지 않았다.

개판

 가지치기를 해놓은 소나무 가지를 흑염소에게 먹이려 차에 싣고 있는데 근처에 집을 짓고 이사를 온 사람이 풀어놓은 개 세 마리가 짖으며 달려온다. 아이쿠야 이거 좀 위험한데. 서둘러 차에 올라 벗어나니 개들이 멍하니 서서 바라본다.
 뭔가 이상하다. 사람 사는 동네에서 개들의 눈치를 살피면서 살아야 하다니.

 내가 살아온 삶을 돌아보면 개는 가축이었다. 사람이 먹고 남는 걸 줘서 키워 잡아먹는 소중한 먹거리였다. 내가 자라날 때만 해도 사람들이 모여 놀 때 개 한 마리 잡아서 먹는 건 흔한 일이었다. 보신탕집도 쉽게 찾아볼 수 있었고 복날엔 보신탕 한 그릇 뚝딱 먹어야 된다고 생각하는 사람들이 많았다.
 그런 흐름에 커다란 균열이 발생하게 된 게 1988년 올림픽을 전후한 시기라고 기억된다. 그로부터 30년이 지나 다시 올림픽이 열리는 해를 맞이하였다. 작년을 돌이켜보니 유난히도 개를 먹는 행위에 대한 언론의 공격이 많았다. 이름만으로 보면 민족문화를 수호하는 일에 나설 법도 한 한겨레신문 같은 곳에서도 공격적인 기사를 꾸준히 싣는 것을 볼 수 있었다. 개를 사랑한다는 시민단체와 언론 그리고 공권력에 정치인까지 합세하여, 예전에 비하면 겨우 명맥만을 유지하고 있는 식용견 관련 사업자들을 낭떠러지로 몰아붙였다.

서구화된 한국 사회에서 그나마 면면히 이어지고 있는 부분이 식문화일 것이다. 문제가 되고 있는 개고기 식용도 좋건 싫건 끈질기게 내려오는 한국의 식문화 중 하나다.

우리나라의 사회주도층이 서구에서 유학 생활을 거친 지식인층이거나 그곳을 동경하는 사람들이라는 점을 고려해 본다면, 언론을 앞세워 개고기 식용 문화를 미개한 짓으로 몰아가면서 사육과 유통, 도축과 판매 전 과정을 옥죄이는 모습이 이해되기는 한다. 그런데 과연 개고기 식용은 미개한 족속들이나 하는 짓거리에 불과한 것일까?

사람은 동물을 잡아먹으며 살아왔고 지금도 그렇게 살아간다. 먹고 먹히며 살아가는 모습은 자연 세계의 지극히 자연스러운 모습이다. 거기서 개만은 예외여야 한다는 이유는 무엇일까? 세계인의 보편적인 의식과 문화에 역행하는 일이라고? 여기서의 세계인은 서구인을 지칭한다. 그런데 서구인은 세계의 전부가 아니다. 그저 일부다. 좀 힘이 센 집단일 뿐이다. 반려동물 아니냐고? 그건 그렇게 생각하는 사람들에게나 해당되는 일이다.

개만은 예외로 해서 잡지도 먹지도 못하게 할 수는 있을 것이다. 그렇게 하고자 한다면 개를 먹거나 죽이는 사람은 감옥에 가둬 격리를 시켜야 할 거다. 그러나, 소수의 의견도 무시하지 않고 존중하는 세상이 민주주의 세상이라는 걸 수용한다면 해서는 안 될 일이다. 생각이 다르다는 이유만으로 감옥에 넣는 사회라면 민주주의 사회라고 할 수는 없지 않겠는가?

얼마 전 신문 기사를 보니 성남 모란시장의 개고기 모습도 더는 보기 어렵게 됐다. 한 사람만이 법원에 강제 철거를 못하게 신청을 해서 버티고 있다는 기사였다. 댓글을 보니 찬반양론이 팽팽했지만 우리나라 신문 중 개고기 식용 문화를 유지해야 한다는 논조를 펼치는 곳은 없다. 반 정도에 해당하는 사람이 강제로 개 식용 문화를 철폐시키는 것에 반대하고 있지만 그런 사람들을 대변하는 언론사가 단 하나도 없다는 건 신기한 일이다. 여론을 주도하는 언론의 모습이 이토록 편향돼 있어도 아무런 문제가 되지 않는 나라가 한국이라는 것에 대해 암담해지기도 한다.

개고기 식용 문화가 없어져야 할 필연성이 있다고 나는 보지 않는다. 힘에서 밀리는 것일 뿐이라고 생각한다. 힘이 곧 진실이 되는 세상은 암담하지만 어쩔 수 없는 현실이기도 하다. 현실은 받아들일 수밖에 없을 때가 많다. 나 또한 큰 흐름이 그렇다면 받아들일 자세가 되어 있다. 굳이 거부할 생각은 없다. 그럼에도 한편으론 찜찜한 것이 사실이다.

 꼭 이렇게 힘으로 눌러 없애야 하나? 개고기를 먹는 건 죄인가?

 개를 진정으로 좋아해 집안으로 들여 함께 생활하며 끌어안고 자기까지 하면서, 이까지 매일매일 닦아주며 뽀뽀도 하는 사람들을 나는 알고 있다. 옷도 입히고 털도 전문 미용사의 손으로 이쁘게 단장을 시켜준다. 개를 개라고 하지도 않고 '강아지'라고 부른다. 개보다는 '강아지'가 더 이쁜 느낌을 갖게 해서 그렇게 부르는 모양이다. 좋아해서 그렇게 부르는 사람들이야 그렇다 쳐도 신문과 방송의 기자들까지 합세하여 '강아지'라고 하는 걸 보면 어이가 없어진다. 자신이 좋아하는 동물을 다른 사람들도 좋아하게 만들기 위해 말의 뜻까지 바꾸려고 하는 것이다. 개를 '강아지'라고 하면 강아지는 뭐라고 불러야 한단 말인가? 강아지 새끼? 그것도 우습다. 언어의 질서를 존중해야 할 기자들이 오히려 파괴하는 일에 앞장서고 있다는 것이 참 기가 막힌다. 그들의 입장에선 개를 죽여 먹는 사람은 살인자와 동일하게 보일지도 모른다. 아니, 자기 자식을 죽여 음식으로 만들어 먹는 악마쯤으로 보일지도 모른다.

 인간 중심주의가 머릿속에 견고하게 자리 잡았던 시절의 사람들은 자신을 동물과 신의 중간쯤으로 생각한 것 같다. 동물이란 명칭에서 사람을 빼내어 마치 자신은 동물이 아닌 것처럼 얘기하기도 했다. 그런 면에서 볼 때, 개를 사람과 동급으로 받아들이는 점은 어찌 보면 획기적인 사건이다. 그런데 가만히 보면 뭔가 이상하다. 개를 개의 모습 그대로 받아들여 일체화한 게 아니다. 개를 사람 사이로 끌어들여 옆에 앉혀 놓았다. 즉 지금의 사람 옆 개는 개가 아니라 개를 닮은 사람이다. 개와 사람이 각자 자신의 본모습을 지닌 채 당당하게 일 대 일로 만나 함께 살아가는 게 아니다.

내가 사는 마을을 살펴보아도 이제 개를 가축으로 기르는 사람은 산 아랫마을까지 합해서 본다 해도 손에 꼽을만하다. 삼사십 호에 한두 집만이 개를 먹기 위해 기른다. 개 식용을 문제시하며 얘기를 꺼내는 사람조차 없는 산골 마을인데도 개를 잡아먹는 사람의 수는 이제 일부가 됐다. 오히려 문제가 되는 건 개를 좋아한 나머지 풀어놓고 기르는 사람들이다.

개가 흑염소 방목장을 침입하여 물어 죽이는 일도 일어났고 닭장을 뚫고 들어가 몰살을 시킨 사건도 두어 건 발생했다. 사람을 무는 일까지 생겼다. 집 앞에 똥을 누고 가, 무심코 걸어 나가다 밟는 일쯤이야 예삿일이다.

앞집도 개를 풀어놓는다. 처음엔 딸이 가져다 놓고 잘 해주라고 해서 풀어놓는다 했으나 산에 설치된 덫에 걸려 앞발 하나가 잘린 뒤로는 개가 불쌍해서 묶어놓을 수가 없다고 한다. 한 집

건너 윗집도 두 마리의 개를 풀어놓고 산다. 우체부나 전기 검침원의 어려움 따위도 개가 돌아다니는 걸 막지는 못하고 있다. 남자의 성격이 '지랄같다'고 소문이 난 탓에 누구도 개를 묶거나 울타리를 치라고 말하지 않는다. 마을 총회 때나 반별 회의를 할 때에도 개에 대한 얘기는 좀체 나오지 않는다. 산 아랫마을에서도 개를 풀어놓는 이들이 서너 명 있으나 '막 나간다'고 알려진 사람들이어서 그냥저냥 넘어간다. 인연이 얽히고설킨 데다 매일 얼굴을 맞댈 수밖에 없는 관계다 보니 법을 들먹이기도 쉽지 않다.

도시에서도 개를 좋아하는 사람들이 개 식용을 반대하며 함께 즐길 수 있는 환경을 추구하는 것에만 열정을 기울일 뿐, 그런 일을 싫어하거나 개와 무관하게 살아가고픈 사람들을 배려하는 일에는 관심을 기울이지 않는 형국으로 보인다.

개를 사랑하자고 외치는 사람들의 모습을 살펴보면 개와 인간을 동일시 한다는 생각을 갖게 한다. 개와 사람을 일체로 보는 것이야 같은 동물로서 평등한 관계로 받아들인다는 면에선 본받고 싶은 마음도 든다. 그런데 왜 개만일까? 이 세상 모든 동물이 대상이 되지 않고 왜 개만 돼야 할까? 사람이 좋아하면서 일체라는 동질감을 느끼는 것은 개만이 아니라 거의 모든 동물이 그렇다. 다만 어떤 동물에겐 그런 사람들이 많고 어떤 동물에겐 적고의 차이일 뿐이다.

자신이 사랑하며 일체라고 느끼는 동물을 콕 집어 남에게도 나와 같이 하라고 강압할 수는 없는 일이다. 서로가 서로에게 '내가 좋아하는 동물을 먹지 말라' 한다면 이 세상에 먹어도 될 동물이 어디 있겠는가?

서구는 근대 이래 전 지구의 인간들에게 자신들의 문화와 사상을 주입시키거나 전파해 왔다. 총칼과 선교사들을 앞세운 그들의 침략에 수없이 많은 인간들이 죽임을 당하거나 고통 속에서 살았다. 민족적인 관점에서 보자면 우리나라도 자신만의 정체성을 대부분 잃어버린 채 살고 있다. 우리만의 모습이라고 할 수 있는 것들이 얼마나 남아 있는 것인지를 생각하면 참 자존감도 없는 사람들이란 생각이 든다. 민족주의자도 아닌 터에 민족을 얘기하는 것이 좀 우습기도 하지만 못내 쓸쓸한 맛만은 떨치기 어렵다.

밝히자면 나도 개 두 마리를 기르면서 산다. 숲의 짐승들이 집으로 들어오는 걸 막는 문지기 역할을 담당하고 있는 진돗개와, 예쁘다며 아내가 들여놓은 조그만 개가 있다. 우리 집에선 사료와 더불어 먹고 남은 음식 찌꺼기도 먹이로 준다. 닭 뼈도 개의치 않고 준다. 반려견을 키우는 사람들이 보면 얼굴을 찌푸릴 일이다. 음식물 쓰레기를 준다며 동물 학대죄로 고발당할 수도 있을지 모르겠다.

우리 집 개는 먹고 남은 뼈나 고깃덩이가 있으면 땅을 파고 흙 속에 묻어 두었다가 파내 먹곤 한다. 거무튀튀하게 썩은 걸 맛있게 먹는다. 개의 습성이다. 반려견을 기른다는 사람들은 이런 개의 습성을 어떻게 생각할까? 우리 집 개들은 닭 뼈에 목이 걸린 적이 한 번도 없고 썩은 고기를 먹었다고 이상 증세가 난 적도 없다. 좀 엉뚱한 얘기가 되겠지만, 진정 개를 좋아한다면 야생으로 돌려보내야 한다고 나는 생각한다. 사람의 품에서 떼어내 산과 들에서 자기들끼리 살아가게 해야 한다고 생각한다. 다만 이런 얘기는 내가 생각하기에도 극단적인 얘기다.

개를 기르다 보니 개고길 먹는 걸 반대하는 사람들의 마음도 잡힌다. 개는 유난히 사람을 따르고 반갑게 맞이한다. 그러니 이곳 산촌에서도 개를 잡을 땐 옆집과 바꿔서 잡아먹는 일이 벌어지곤 했다.

나는 개고기를 먹고 싶은 마음은 없다. 개고기를 좋아하지도 않는다. 그러나 먹어본 경험도 있고 잡아보기도 했다. 그래서 그런지 못 먹을 거라고 생각하지도 않는다. 그런 한편으론, 대부분의 사람들이 개고기를 먹지 않는 사회를 바란다면 그렇게 바뀌어도 된다고 생각한다. 다만 강압적으로 바꾸려는 시도에 대해서는 찬성할 수가 없다. 사회주도층과 개 애호가들에 의한 지금의 강제적인 문화 말살 시도는 그들의 말대로라면 대단히 미개한 짓이다. 문화가 융성한 나라가 되기를 원한다면 개 식용 문화를 없애기 위한 강압적인 행위들은 하루빨리 중단되어야 한다.

개를 좋아하며 인간과 동일한 생명체로서 존중하는 것과 개고기를 먹는다는 것이 서로 어긋나는 모습이라고 할 수는 없다. 이 땅의 사람들이 개를 좋아하지도 않고 존중하지도 않았기 때문에 개고기를 먹어온 것은 아니다. 동물을 죽이는 사람과 먹는 사람이 분리된 세상에서, 고기를 먹기만 하며 살아온 사람들에게는 생소한 얘기일지 모르겠으나, 잡아서 먹는 동물은 가족이면서 친구이기도 했다는 사실을 도외시하진 말아야 한다. 먹는다는 행위가 경건한 의식이 되어야 한다는 얘기를 하려는 건 아니다. 개를 잡아먹는 문화가 개를 하찮게 생각하거나 좋아하지 않아서 생겨난 건 아니라는 것을 말하고 싶을 뿐이다.

백로도 지났다

뭔가 썩는, 고약한 냄새였다.

살찐 똥파리들이 윙윙 날아다니는 날들이 삼사 일은 흘렀다.

지붕과 천장 사이, 쥐들이나 들락거릴 공간에 어찌 기어들어 갔을까?

죽으려니 아늑하게 보였던가. 한 뼘 남은 힘으로 기어들어가는 고양이의 마지막 걸음걸이가 눈에 선하다. 어째 마루 귀퉁이가 젖어 있었다. 죽음과 함께 흘러나온 체액이 떨어져 얼룩무늬를 남겼는데도 그게 무얼 의미하는지 모른 채 일주일 여를 보냈다.

장대를 넣어 끄집어내니 목 부분에서 떨어져나온 털 뭉치와 함께 처마 끝부분에서 메마른 사체가 떨어진다.

어미가 지켜보는 뒤뜰에서 또 다른 새끼 두 마리와 함께 뛰어놀던 모습을 본 적이 있던 녀석이다. 뒷다리 하나가 없으면서 다른 녀석에 비해 몸집까지 작은 게 영 불안한 모습이었다. 뒷다리

하나로 깡충깡충 뛰는 모습이 귀엽게 다가오지도 않았다. 어미가 쥐를 잡아주는 시절은 오래 가지 않을 터, 홀로 찬바람 부는 암흑 속을 걸어가는 고양이의 모습이 어미 앞에서 뛰어노는 형상과 겹쳐 보였다.

그때로부터 한 달이나 지났을까? 어디론가 사라졌던 고양이가 돌아와 죽은 상태로 모습을 내보였다. 그래도 이곳에서 어미의 보살핌을 받으며 형제와 함께 지내던 때가 좋았던 모양이다.

쓰윽, 고양이의 말라붙은 털가죽 위로 서늘한 바람 한줄기가 스쳐 지나간다.

다 옛날이야기다.

2023, 사람은 더 잘살게 될까

 우크라이나 전쟁이 한창이다. 끝날 기미가 아직은 보이지 않는다. 싸움은 말려야 되는 것이라고 나는 들으며 자랐다. 그러나 현실은 그렇지 않다. 어느 한 쪽을 응원하거나 지원하면서 상대를 굴복시키려 한다. 미국을 비롯한 서방은 우크라이나를, 그러한 나라에 반대되는 행동을 보여온 나라들은 러시아 편이다. 한국도 누군가의 편을 든다는 면에선 마찬가지다. 싸움을 말리려 하지 않는다는 면에서도 마찬가지다. 한국은 미국 편을 들고 있고 국민들도 대부분은 그런 사람들이다.

 한국의 언론에선 러시아가 전쟁을 일으켰고 따라서 그 나라가 나쁜 놈이니 책임을 져야 한다고 말한다. 다른 말은 들려오지 않는다. 전쟁 전후의 국제 상황과 두 나라 간의 관계가 어떠했는지에 대해 차근차근히 따져보는 말도 잘 들리지 않는다. 싸움이 일어나면 그 원인이 있게 마련이지만 그런 거에 대해선 깊게 살펴보려 하지 않는다. 무조건 미국의 입장에서 말하는 소리만이 바람을 탄다.

 내가 볼 때 이번 전쟁은 기존의 러시아 세력권까지 자신의 품에 넣으려는 미국과 그에 반발한 러시아의 충돌이다. 혹은 미국과 러시아, 두 제국주의 세력의 부딪힘이다. 미국을 앞세운 서방의 주요 세력들은 모두 근현대의 제국주의 국가들이다. 그들은 제국주의를 통해 부를 축적하고 강성한 나라를 이루었다. 특히 미국은 아메리카 인디언을 도륙하고 들어선 핏빛이 선연한 국가다. 러시아 또한 정복 전쟁을 통해 영토를 넓히고 자신의 위치를 견고하게 만든 국가임을 부정할 수 없을 터이다.
 세계는 다시 한 번 쪼개지고 있다. 지구에 자리 잡은 인간 세상을 얼핏 둘러보면, 사랑이니 자비니 인권이니 자유니, 거대한 말들이 그 크기와 깊이만큼이나 거창하게 울리고 있다. 그러나 조금만 자세히 살펴보면 여전히 힘센 자들의 세상이요 더 많은 권력과 땅과 돈을 얻기 위해 자신보다 약한 자들을 가차 없이 죽이는 흐름이 도도히 이어지고 있다. 기후 변화로 인한 인류의 멸망을 얘기하고 있는 작금의 상황에서도 우크라이나의 전쟁이 보여주는 것처럼 눈앞의 이익을 위해 질주하고 있다. 기후 변화의 가장 큰 원인 제공자라고 할 수 있는 미국은 기후 변화에 대처하자는 말에 등을 돌리거나, 참가한다고는 하면서도 소극적인 자세를 취하는 모습을 이어오고 있다. 가장 적극적으로 나서야 할 국가가 무덤덤한 표정으로 일관한다.

　불행한 일인지는 모르겠지만 인간은 힘에 의해 질서를 유지하는 문화를 이어오고 있다. 인류애 나아가 자연과 합일되는 평화로운 사상이 바탕을 이룬 부드러운 문화의 물결은 작은 메아리로 맴돌기만 할 뿐 거대한 폭력의 흐름 앞에서 초라하기만 하다. 인간은 자신의 이익을 포기하거나, 약자나 다른 생명체를 위해 당장 눈앞에 어른거리는 편리함과 힘을 밀어낼 존재로는 보이지 않는다. 과연 인간은 언제까지 지구에서 삶을 이어갈 수 있을까?

　혹여 모른다. 힘의 상층부를 차지한 극히 일부의 사람들은 이 지구가 살기에 적합하지 않은 환경이 될 때 다른 행성으로 이주하여 삶을 이어갈 지도. 그렇게 된다고 하여도 그것이 무슨 위안이 될 것인가? 고향 별을 스스로 살 수조차 없게 만들어버린 인간들이다. 인간 이외의 수많은 생물종들 또한 멸종시킨 인간들이다.

　지금 여기, 한국 혹은 한국인의 모습은 어떤가? 나는 한국인임이 자랑스럽거나 죽을 때까지 한국인으로 살기를 원한다거나 하는 생각을 가지고 있지는 않다. 어쩌다 한국이라는 국가의 땅에 태어나 지금까지 살고 있을 뿐이지 내가 선택한 것이 아니기 때문이다. 그렇다고 내 맘에 맞는 국가로 이주하여 살아갈 생각도 없다. 언어가 잘 통하고 지금은 생활도 큰 어려움이 없어서 굳이 이주할 필요를 느끼지도 않는다. 거기에 더하여 한국어를 사용하여 글을 쓰면서 살아가는 작가이고 보니 더욱 이 나라를 떠나고 픈 마음이 일지 않는다. 이 나라 이 땅에서 할 일이 주어져 있으며 그 일을 하면서 살아가는 데 대해 별다른 불만이 없는 상태다.

다만 지금의 한국 상태는 마음에 들지 않는다. 남북으로 나뉘고 지역으로 나뉘고 정당으로 나뉘고 가진 자와 가지지 못한 자로 나뉘고 남과 여로 나뉘는 등 나뉠 수 있는 것이면 무엇이든 패거리로 나뉘어진 나라다. 가장 영향력을 많이 행사하는 미국이라는 나라도 북한에선 원수로 남한에서는 동맹이면서 잘 먹고 살게끔 해 준 은혜로운 나라로, 그 시선이 극과 극이다.

내가 미국을 만난 것은 어렸을 때 신작로를 따라 질주하는 탱크에 올라탄 미군이 처음이다. 탱크 위의 군인은 길가에 서 있던 아이들을 보며 웃었다. 그리고 먹을 걸 던져 주었다.

군대에 입대하기 전의 입영 전야엔 용산 미군기지를 만났다. 남영동 술집에서 「입영전야」 노래를 들으며 친구들과 술을 마시다 취해 깨어 보니 삼각지 로터리 구석진 곳이었다. 쓰레기 더미와 청소도구들이 널려 있었고 리어카와 청소부가 보였다. 버려진 침대에서 잠이 깬 나는 서둘러 그곳을 빠져나와 길을 걸었다. 봉천동을 향해 걷는다고 걸었으나 어디가 어딘지 종잡을 수가 없었다. 마주 오는 아줌마에게 물어보고서야 반대로 걸어가고 있음을 알았다. 기다란 벽이 이어지고 있는 길이란 걸 그때서야 인식했다. 담 위에 철망이 쳐져 있었다. 생각보다 커다랗게 다가오는 부대였다.

 서울의 번화가를 끊으며 들어선 커다란 부대. 외국 군대. 어떻게 서울의 한복판에 한국군도 아닌 미군이 주둔하고 있을까? 참 이상하다는 생각이 밀려들긴 했으나 더 이상은 아무런 생각도 하지 못했다.

 한국은 적이 쳐들어올 때 마주 서서 싸울 수도 없는 나라란 걸 안 것은 군에서 나온 뒤 대학을 다닐 때였다. 전시작전권을 가지고 있는 나라가 미국이었다. 나는 한국이 독립 국가인지 아닌지 모른다. 옛날엔 중국의 속국이었고 지금은 미국의 속국이라는 말도 들린다. 미국도 아니고 미국이 아닌 것도 아닌 나라라는 의미에서 속국이라고 한다면 불행한 일이다. 독립 국가라면 누군가가 침범해 오면 스스로 맞서 지켜내야 하는 게 아닐까? 다른 나라가 하라는 대로 하는 게 아니라 스스로 생각해서 자신의 길을 선택해 나갈 수 있어야 독립 국가라 할 수 있는 게 아닐까?

 어쨌거나 나는 한국이라는 나라에서 살아가는 사람 중 한 명이다. 그것까지 부인하지는 않는다. 다만 한국인이기보다는 그저 한 명의 자연인으로 살아가고 싶다. 나는 누군가를 힘으로 누르는 깡패를 좋아하지 않는다. 세계 깡패인 두 국가가 부딪히고 있는 우크라이나 전쟁에 한편을 들어 응원하면서 싸움을 부추기는 한국의 자세도 마음에 들지 않는다. 그러한 나라의 일원이라는 사실을 받아들이고 싶지 않다. 전쟁을 치르며 죽어가고 있는 우크라이나 사람들이 되고 싶지도 않다.

 2023년 여름의 무더운 날들이 지나가고 있다. 지구의 어딘가는 비가 억수로 쏟아져서 난리고 또 어딘가는 햇볕만 쨍쨍 내리쬐여서 아우성이다. 그러한 일이 남의 일인 것처럼 전쟁은 이어지고 핵무기는 늘어만 간다. 그리고 가진 자와 가지지 못한 자의 거리가 더욱 멀어져 가는 인간 세상 너머에서는 함께 살아가던 생물들이 자취를 감추고 있다.

내 마음의 적막

 어둠을 적시며 비가 내린다. 적막하다. 소리가 들리는데 적막하다. 아무런 소리도 들리지 않을 때보다 더 적막하다.

 지붕을 타고 처마 끝에서 떨어져 땅을 두드리는 낙숫물 소리도 적막을 더하긴 마찬가지다. 하긴 처마 끝에서 떨어지는 물소리도 빗소리의 일부가 아니라고 하긴 어려우니 왜 그렇지 않겠는가?

 밤비는 적막을 두텁게 쌓으며 내린다. 나는 밤비가 적막을 키우는 소리를 들으며 앉아 있었다. 졸리지가 않았다. 잠을 자야겠다는 생각도 들지 않았다.

 그러다 새벽으로 가는 어느 시점에 문득 적막이 내 가슴에 있다는 것을 눈치챘다. 환갑이 되어서야 겨우 알아채다니….

 어둠을 적시는 빗소리는 내 마음의 적막이 자라는 소리였다. 비로소 왜 잠에 들지 못했는지를 알 수 있었다.

낮보다 밝은 밤

 방안의 어둠 속에 앉아서 창문 밖을 바라본다. 보름달이 밝기도 해서 종이에 글씨를 쓸 수 있을 정도의 빛이 창을 통해 들어온다. 윗집에 불이 난 밤도 이렇게 밝지는 않았다.
 창밖의 세상이 낮보다 더 환하게 와닿는 것은 내가 어둠 속에 있기 때문일 거다. 나 그리고 내가 들어앉은 방안이 어두우면 어두울수록 밖의 세상은 밝다. 낮에 비한다면 어둠이라고 말할 수 있을 정도의 밝음이라도 내가 처한 세상의 모습이 더 어둡다면 밖은 밝다.
 군대 하사관 훈련병 시절, 3개월 훈련을 받고 첫 휴가를 받아 철조망 밖으로 나갔을 때, 세상은 눈이 부셔 뜰 수가 없을 정도로 밝고 찬란했다. 지나다니는 여자들은 또 얼마나 어여뻤는가?
 내가 어두울수록 밖의 세상은 그만큼 밝다.

닭은 홀로 죽는다

해가 서산으로 기우는데도 홰대에 오르지 않고 구석에 가만히 서 있는 닭을 본다. 눈을 감고 있다가 문득 뭣인가를 봐야겠다는 듯 떴다가도 스르륵 다시 감는다. 벌써 삼 일째 이어지는 모습이다.

어디 아프냐며 다가가는 닭 한 마리 없다. 줄기차게 등에 올라타던 수탉도 눈길조차 주지 않는다.

모이를 다투고 흙 목욕을 하며 놀면서 고양이나 매 혹은 족제비가 다가오지 않나 함께 살피던 때는 그래도 좋은 시절이었던가?

아파도 홀로 견뎌야 하고 이기지 못하면 머리를 땅에 푹 내리고 홀로 떠나야 한다. 쓰러져도 돌아보는 놈이 없고 죽어도 바라보는 녀석이 없다. 닭장을 휘도는 바람만이 죽은 닭의 깃털이나마 다독일 뿐이다.

들어오고 나가고

 쓰러져 가는 집 앞에서 보니 주위로는 다른 인가가 눈에 보이지 않았다. 산 중턱에 가득한 겨울바람이 황량한 분위기를 보여주는 게 맘에 들어 들어와 산 지도 26년이란 세월이 흘렀다.

 길이 포장되고, 조그맣게 웅크리고 있어 보이지도 않던 집들이 사라진 뒤 새 집들이 들어섰다. 집에서 보아도 두 집이 제 몸을 드러냈다. 우사가 들어서고 태양광 발전소가 들어서고 마을 창고가 들어서고 계단식 밭이 굴착기의 삽에 무너지기도 했다.

 보이지 않던 참새 떼가 자리를 잡았고 소 울음소리가 울리기 시작하면서 까마귀들이 날아들었다. 집 옆으로 흐르던 도랑에서 번성하던 가재는, 어느 날 둥둥 물에 떠서 줄을 지어 흘러 내려가고 난 뒤로 다시는 볼 수 없게 되었고, 내게 찾아오던 서울 친구들의 발길도 십여 년이 지나며 끊어졌다.

 내가 이 산마을에 들어왔던 때가 서른여덟 살이었다. 그때 예

순 살이 넘었던 사람들은 지금 모두 어디론가 갔다. 그리고 그들의 자식들이 도시의 삶을 뒤로 하고 들어와 살고 있다. 그들 중 한 사람이 며칠 전 응급차에 실려 나간 뒤 또 어디론가 갔다. 열 가구가 여기저기 흩어져 살던 산마을에 땅을 사서 집을 짓고 들어온 사람들도 있다. 그들로 인해 네 가구가 더 늘어났다.

농사를 짓고 살다가 도시로 떠난 사람도 있고 나이 사십에 홀로 들어와 살다가 늙어서 떠난 사내도 있다. 그들이 지금도 도시에서 살고 있는지 어떤지는 알지 못한다. 다만 이 산 중턱을 떠났고 다시는 돌아오지 않을 것만은 분명하다. 서너 명 있던 아이들도 자라서 도시로 떠났다.

내가 들어올 때 50대였던 사람들이 이제는 어디론가 떠날 준비를 하고 있다. 그다음에 떠나야 할 사람 중에 내가 있다. 나도 떠날 채비를 해야 할 때가 눈앞에 어른거린다. 빠르다. 하긴 들어올 때 태어난 지 100일이 갓 지났던 아들이 벌써 이십 대 후반의 나이이다. 아들과 함께 놀던 개 두 마리가 저세상으로 떠난 지도 10년이 넘었다.

나는 떠날 때를 알아서 당당히 가고 싶다. 질질 죽음의 손에 끌려가고 싶지는 않다. 스스로 걸어서 이 산마을에 들어왔을 때처럼.

딱따구리와 나 사이의 간격

 서울 변두리 소작인 마을에 관한 소설을 읽고 있는데 단단한 소리가 귀를 파고든다.

 "딱딱 딱딱 딱딱."

 나무 두드리는 소리가 독서를 방해한다.
 소리가 들려오는 마당 가 뽕나무를 살피니 머리에 빨간 점이 박힌 딱따구리가 나뭇가지를 쪼고 있다. 딱따구리를 볼 때마다 나무를 쳐서 숲을 울릴 정도의 소리를 내면서도 부리가 멀쩡하다는 게 신기하다.
 사람의 얘기도 재밌지만 나는 새의 생활도 궁금하곤 해서 그들의 소리에 귀를 기울인다. 그런데 오늘의 딱따구리는 좀 싱겁다. 독서를 방해해 놓곤 내가 바라보자마자 어디론가 가버렸다.

'인간 간의 갈등에 신경 쓰는 건 좋은 일이 아니라고 말한 걸까?'

그렇다고 해도 그건 딱따구리의 생각이다. 나는 인간의 모습을 하고 있으니 사람 사회의 일에 관심을 기울이지 않을 도리가 없는 거다. 딱따구리 또한 그러하리라. 속해 있는 사회에 대한 관심만이 아니라 먹고 사는 문제와 같은 생활에도 신경을 곤두세워야 한다. 딱따구리와 나는 생긴 것만큼이나 삶의 방식도 다르다. 여기서 딱따구리와 나의 간격이 발생한다. 둘의 만남에만 집중할 수가 없다. 딱따구리는 딱따구리 나름의 삶이 있다. 나는 나대로의 삶이 있다.

딱따구리와 나의 간격, 그 거리를 나는 인정한다. 만물은 하나의 덩어리이지만 각각의 물체 사이에는 다 간격이 있다. 나는 그 간격을 인정하고 침해하지 않아야 한다고 생각한다. 딱따구리는 딱따구리대로 나는 나대로 살기 위해선 서로 간의 거리를 존중해 주는 자세가 필요하다.

나의 집

  앞산의 등성이에 올라 마을을 본다 산의 가슴에 안긴 마을과 그 귀퉁이를 차지한 내 집은, 볼수록 마음 깊은 곳으로 들어와 자리를 잡는다 알을 품고 있는 새의 마음이 이럴까
  나보다 중요하거나 멋진 사람도 있을 수 있지만 내가 사는 오막보다 따스한 집을 나는 알지 못한다 암을 일으킨다는 슬레이트가 얹힌 낡은 거처여서, 어서 헐고 새로 지으라고 말하는 사람도 있지만 나는 아들이 자라 어른이 되고 아내와 내가 웃고 울고 다투며 지내온 저 집이 좋다
  나의 집을 품고 있으니 마을도 나의 집이 아니라고 생각되지 않는다 마을을 안고 있으니 산도 그렇다
—「나의 집」 전문

위의 시에서 얘기하는 "나의 집"은 영서 지역에 있는 망경대산

중턱에 있다. 1,000m를 살짝 넘는 산이어서 낮지도 높지도 않은 높이와 작지도 크지도 않은 덩치를 갖고 있다. "웃고 울고 다투며"라는 문구가 얘기하듯이 산속 삶도 도시의 삶과 별반 다르지 않다. 탄광 합리화 정책으로 폐광된 지 얼마 지나지 않은 마을에, 3년 정도 비어 있던 집을 대충 손보고 들어와 매년 조금씩 고치면서 살아왔다. 1998년에 갓 100일이 넘은 아이를 안은 아내를 내려주고 돌아가면서 처남은 눈물을 흘렸다고 한다. 지은 지 70년이 넘었다는 살짝 기울은 산속 오두막이 오죽 시원찮았을까? 그나마 집 옆 도랑에 물이 흐르고 있어 굶어 죽진 않겠다고 생각하며 마음을 달랬단다.

탄광 노동자들이 다 떠나고 난 마을에 농사를 지으며 살겠다고 들어왔으나 아는 이 한 사람 없고 반겨주는 이 또한 아무도 없었다. 농사에 대해 아는 것도 없었다. 땅을 사고 집을 고치자니 그나마 조금 가지고 있던 돈도 바닥을 보였다.

'시가 돈이 되지 않는다면 농사를 지어 먹거리를 해결하면서 쓰면 되지 않겠는가?'

지금 생각하면 참 낭만적인 생각이었다. 자연에 대해서 좀 더 깊이 있게 들어가는 글을 써보고자 하는 생각이 뒤를 받치고 있었으나, 농사를 지으며 글을 쓰겠다는 생각은 너무 쉽게 내린 결정이었다.

"어디서 굴러들어 와 술을 처먹고 다녀!"

조합장을 몇 개월 했다는 사람의 고함과 함께 산촌의 생활은 비틀거리기 시작했다. 나를 보겠다며 놀러 온 지인들과 어울려 술을 마시던 날이었다. 떨어진 술을 사러 지인이 몰고 온 차를 타고 산 아래로 내려갔다. 산 아랫마을에 다다랐을 때 오줌이 마렵다는 사람이 있었다. 장난기가 발동한 나는 그가 오줌을 누는 사이에 문을 닫고, 운전을 하던 이에게 어서 가자고 했다. 강이 흐르는 큰길로 나가 가게 문을 두드려 술을 사서 다시 골짜기를 타고 산 아랫마을로 들어왔으나 길가에 있어야 할 사람이 보이지 않았다.

"깜깜한데 불 하나가 보이더라구. 찾아가 주인을 불렀는데 아무도 나오질 않아 문을 여니 열리는 거야. 마침 거실에 전화기가 보여서 어서 전화를 해야겠다고 생각하며 수화기를 드는데 주인 부부가 들어온 거지."

도둑으로 몰린 지인을 대신해 사과를 했으나 주인은 받아주질 않았다. 술을 먹고 장난을 친 내 잘못이었다. 고함을 치며 화를 내는 주인 부부를 두고 일단 지인을 데리고 올라와 자고 난 뒤에 다시 찾아가 사과를 했으나 또 화를 내며 나가면서 받아주질 않았다.

운이 없었다고 해야 할까? 알아보니 주인 남자는 나이가 나보다 서너 살 많은 젊은이였으나 면 소재지에 있는 농협의 조합장을 몇 개월 지낸 이력을 가지고 사실상의 촌장 역할을 하고 있었다. 행정 구역상으로 한 마을을 이루고 있던 아랫동네였으니 가장 힘센 사람과 부딪힌 꼴이었다.

한두 달이 흐른 뒤, 집에서 가장 가까운 거리에 살던 할머니가 생일을 맞았다. 점심을 먹으러 오라 해서 가니 방 가운데에 떡 차려진 상 앞에 그 주인 남자가 있었다. 끼어 앉아 밥과 술을 먹는데도 '조합장님'이라고 불리는 남자는 눈길조차 주질 않았다.

"조합장을 몇 개월 한 게 무슨 큰 벼슬이라고 사람이 그렇게 뻣뻣해! 사람이 사과를 하면 받아줄 줄도 알아야 하는 거 아냐?"

한마디 하자 주위에 있던 남자의 어머니 된다는 여자가 말했다.

"어디서 굴러먹다가 온 뼈다귀인진 모르겠는데, 젊은 놈이 영 글렀구만."

그 말 뒤로 마을 사람들의 싸늘해진 얼굴과 날카로운 눈빛을 받아내야 했다. 몸조심하고 살으라는 협박과 함께 길에서 얼굴조차 보지 않고 지나가는 사람들과 한마을에서 살아야 했다. 한두 사람을 제외한 마을 사람 전체가 적이었다.

 이천 평이 넘는 밭에 고추 등을 심었으나 그것도 가지고는 돈이 되질 않았다. 그런 반면 일은 해도 해도 끝이 없었다. 생활에 보탬이 좀 될까 싶어 염소도 키우고 개도 키웠다. 키웠으니 원하는 사람이 있으면 잡아주기까지 해야 했다. 닭도 쉽게 잡지 못하던 상태였으나 해야 했다. 마음을 다잡고 두려움을 물리치면서 도살을 감행했다. 먹고 사는 일이 곧 기르고 죽이는 일과 떨어질 수 없음을 받아들여야 했다. 나뭇가지에 목을 건 개가 마지막으로 내뱉은 외침이 마침 하늘을 울리는 천둥소리와 만나 내 가슴을 파고들기도 했으나 먹고 먹히는 순환의 자연스러움이라는 생각을 내려놓지 않았다. 그런 가운데서도 청탁을 받아 원고를 넘기곤 했으나 글이 실린 책을 받아보면 후회가 밀려오곤 했다. 아무리 살펴도 마음에 차지 않는 못난 글이었다.

 그런 속에서도 아이는 자랐지만 바닥난 통장 잔고는 불어나지 않았다. 첫 시집이 나오고 나서 두 번째 시집이 나오기까지 8년이 지났다. 어느덧 산촌에 들어온 지도 10년이 지나 있었다.

 먹고사는 데에 필요한 것만 심자고 마음먹었다. 농사를 지어 돈을 마련한다는 생각을 지웠다.

"어찌 되든 글을 쓰는 데에 집중하자."

 마을 사람들하고의 접촉도 최소한으로 줄였다. 마을 길 풀 깎기 작업과 반상회에 참가하며 일 년에 한두 번 만나는 게 다였다. 찾아오던 사람의 발길도 점차 끊어졌다.

요즘은 일 년에 한 권 정도의 책을 내고 강의 요청이 들어오면 나서기도 하면서 살아간다. 별일이 없는 날의 저녁 무렵이면 버릇처럼 집 앞 포장도로를 따라 버스가 서는 곳까지 나갔다가 내 집을 안고 있는 산을 휘이 둘러본다. 산 전체가 내 집으로 다가온다. 위로의 손길을 내밀기도 하고 어찌 살아야 할 것인지 그 길을 보여주기도 했던 산이다. 앞을 막는 나뭇가지를 낫으로 잘라 길을 확보하고 다니며 고라니와 멧돼지 각종 새들과 부딪히곤 하던 숲속 길은 그들에게 맡기고 될 수 있으면 들어가지 않으려 한다. 나 또한 숲속의 한 마리 짐승이기에 될 수 있으면 서로 부딪치지 않고 살아가고 싶어서다.

어찌 되었든 26년째 나는 한 집에서 살고 있다. 다 자라난 아들과 14권의 책이 그 결과로 남았다. 지금의 집에서 죽음을 맞이하겠다는 생각은 갖고 있지 않다. 그렇다고 꼭 떠나야겠다는 생각 또한 없다. 바라보면, 자연의 흐름을 따르며 살겠다는 내 마음을 키워온 집이다. 좀벌레를 비롯한 벌레들을 죽인 만큼 그들과 가까워졌고 벌과 닭 그리고 흑염소를 키우며 동물의 습성을 어느 정도 알게 됐다. 딱새와 박새를 비롯한 새들과 만나며 난다는 것의 어려움을 엿보았고 너구리와 고라니 그리고 멧돼지 같은 산짐승들과 부딪히며 그들이 나와 다르지 않은 동물임을 생각했다. 냉이와 달래, 고사리, 두릅을 비롯한 나물과 심고 가꾼 것들을 먹으며 '먹는다'는 것의 의미를 곱씹었고 숲의 나무들과 계곡의 물줄기와 밤하늘의 별과 달, 바람과 구름, 비, 눈과 이야기를 주고받았다.

  나는 부처도 예수도 특별하게 좋아하거나 우러러보지 않는다. 그저 한 마리 산속 짐승으로 살아갈 뿐이어서 그렇게 거대하고 높은 분들이 보이지 않는다. 그들도 자연의 일부라면 나의 집에서 나와 함께 흘러가고 있을 거라는 생각을 하는 정도다.

멧돼지에게 줄 연민의 정은 없다

 몇 년 동안 고구마와 옥수수를 심지 않았다. 수확하려고 마음을 먹으면 한발 먼저 멧돼지가 찾아와 먹고 가는 일이 반복됐던 탓이다. 팔 게 아니라 먹으려고 조금 심는 거여서 멧돼지가 찾아와 먼저 먹으면 남아나질 않았다. 떨구고 간 몇 개를 겨우 주워서 밥할 때 쌀 위에 얹어 맛이야 보았지만 심고 싶은 마음이 싹 가시게 만들었다.

 궁리 끝에 면사무소에서 철망 울타리 설치비를 보조받아 집 아래 밭을 둘러쳤다. 200평 정도는 되는 터여서 옥수수와 고구마, 감자를 심기엔 부족함이 없었다. 그리하여 올해엔 옥수수와 감자를 하나의 손실도 없이 알차게 거뒀다.
 짜식들, 올해는 마음 좀 쓰렸겠다. 멧돼지를 생각하니 고소한 심정이 일었다. 입맛만 다시다 돌아서는 멧돼지의 허허로운 발걸음이 눈으로 본 듯 떠올랐다. 자꾸만 입가에 미소가 지어졌다.

형님과 누님에게 보내드렸다. 아내도 언니, 오빠, 동생에게 보내주었다. 지인 몇에게도 나누어 주었다. 그러고도 실컷 먹었다.

옥수숫대를 베어 내고 감자를 캐낸 곳에 배추와 무를 심었다. 고라니가 뜯어먹을 염려까지 덜쳤으니 김장 걱정도 내려놓게 되었다. 고구마는 한창 자라고 있는 상태지만 멧돼지한테 빼앗길 염려가 없으니 겨울 동안 군고구마를 먹으며 추위를 넘길 생각에 잠기기도 했다.

집 옆 숲 가에서 군고구마 냄새를 맡으며 침을 삼키는 멧돼지의 모습까지 고소하게 생각되는 건 아니다. 그렇다고 고구마를 나누어줄 생각은 없다. 나는 나대로 멧돼지는 멧돼지대로 각자 알아서 살아야 한다. 냉정하다고 할지 모르겠지만 섣부른 연민을 갖기보다는 나으리라 생각한다. 멧돼지는 인간의 돌봄을 받아야 살아갈 수 있을 만큼 약한 동물이 아니다.

멧돼지야, 우리 될 수 있으면 마주치지 말고 살자.

뭍 멀미

 삼십 몇 년이 흘렀다. 바다로 나간 적이 있다. 낮과 밤을 이어서 나아가도 수평선 외에는 보이지 않았다. 수평선 너머는 보이지 않았으므로 생각보다는 작은 둥근 세계였다.
 그러나 물속을 보면 느낌이 달라졌다. 알 수 없는 바닷속 세상, 그 속에 잡아야 할 물고기가 있다는 것이 나를 푸릇푸릇한 감정 속으로 끌어들였다.
 저 두려운 곳에서 내 손에 잡힐 물고기가 산다니….
 거대한 물결 아래로 시선이 갈 때마다 나는 끝이 없는 세상에 대해 생각했다.

 배 속을 비우다 못해 시퍼런 위액조차 게워 내 그보다 더 시퍼런 물에 쏟으면서 잡아야 했던 고기는 붉은빛이었다. 바다의 바닥 펄에서 산다는 고기 옥돔. 붉게 빛나던 고운 빛이 낚싯바늘에

꿰어져 검푸른 물을 아롱다롱 물들이며 끌려 올라왔다.

  지옥 어디쯤으로 보이는 물속에도 빛나는 것들이 살고 있었다. 꿈틀거리는 보석이었다.

  일주일이 지나자 내 몸도 밥과 물고기의 살을 받아들였다.

  한 달여 만에 돌아온 서귀포. 배에서 내리자 땅이 흔들거리며 내 몸을 흔들었다. 땅은 또 다른 바다였다. 배에서 넘어지지 않기 위해 허둥거렸던 것처럼 땅에 곧게 서기 위해 다시 허둥댔다. 그렇게 살아왔다.

저 둥지에 앉을 수 있다면

 저 둥지에 올라가 앉아 나도 작은 새나 될까?

 길가 참나무 가지에 높이 얹힌 둥지가 구름을 배경으로 두고 나를 유혹한다. 새가 알을 낳고 부화시켜 길러서 숲으로 보낸 뒤 남겨진 자리. 멈춰선 바람 한 움큼이 자리 잡고 앉아 나를 부른다.

 아니다. 아니다. 저긴 내 자리가 아니다. 사람도 다 제자리가 있는 법이다. 나는 저 둥지에 오를 만큼 작지도 가볍지도 않다. 가슴엔 천근 돌이 들어앉아 있는데 나뭇가지가 어찌 지탱할 수 있을까?

 잠시 멈추었던 발을 옮기며 스윽 한번 더 바라보면서 지나쳤다.

 새의 자리에 사람이 앉을 수는 없는 일. 새야 미안타, 잠시 너의 자리를 넘겨다보았구나. 내가 신선이라도 되고 싶었나 보다.

있는 그대로의 나를 받아들이겠다고 생각하면서도 욕망을 떨구겠다는 욕심을 또 부렸구나.

나 이상의 그 무엇을 바라는 못된 습성을 아직도 버리지 못하다니. 하긴 이런 생각부터 그만두어야겠지.

제4부
누구보다 먼저 꽃을 피우느라 납작 엎드린

뱀과 물까치의 만남과 헤어짐을 보면서

장마철, 비가 멈춘 틈을 타고 햇살이 내려쪼인다.

'눅눅해진 이불을 좀 말려야겠다!'

서둘러 이불을 꺼내와 빨랫줄에 널고 있는데 집 뒤에서 까치들의 울음소리가 요란하다. 베개도 꺼내와 의자 위에 놓아둔 다음에 까치들의 울음을 따라 발을 옮겼다.

뱀이었다. 깊고 어둡고 습한 땅에서 나와 햇살을 찾아 나무로 올라간 구렁이가 보였다. 햇볕을 가장 잘 받는 남향으로 뻗은 호두나무 가지에 몸을 둘둘 감은 뱀을 향해 서너 마리의 물까치들이 짖이대며 공격을 감행하고 있었다.

"깨액 깨액 꽥 깨에엑."

온 힘으로 짖어대며 뱀 가까이 날아가 발로 할퀴는 동작을 반복하면서 물까치들은 물러나지 않았다. 구렁이는 움찔움찔 머리를 움직이며 방어를 하면서도 가지를 감은 몸을 풀지는 않았다. 물까치들의 공격은 구렁이를 가지에서 떨어뜨리거나 죽일 정도로 예리하거나 거칠진 못했다. 힘을 다하는 것이 눈에 보였지만 자신이 다칠 정도로 거세게 달려들진 않았다. 나무에서 쫓아내는 게 목적인 듯 보였다. 나무 위에 둥지를 짓고 새끼를 길러온 세월만큼이나 오래전부터 몸에 밴 행위였다.

이윽고 물까치들도 지쳤는지 주위의 가지에 앉아 구렁이를 지켜보다가 어디론가 날아가 보이지 않았다. 조용해진 가지 끝에서 구렁이는 햇살을 받으며 하늘 아래 자신의 존재를 한껏 드러냈다. 반드르르한 뱀의 몸 위에서 햇살이 미끄러져 흘러내렸다.

그것도 잠시, 사라졌던 물까치들이 돌아와 다시 날카롭게 짖어대며 구렁이에게 달려들었다. 뱀이 스르르 몸을 푸는가 싶더니 호두나무 밑동을 향해 내려가기 시작했다. 가지에서 줄기로 몸을 이동한 구렁이는 나무 밑으로 떨어지듯이 밑동까지 내려가더니 잠시의 망설임도 없이 옆의 바위 아래로 몸을 숨겼다. 스르르르르, 미끄러지는 뱀의 움직임은 순간적으로 이뤄졌다. 빨랐다. 느긋하게만 움직이던 구렁이의 평상시 모습과는 사뭇 달랐다.

가지 끝부분에서 적으로 대치하던 뱀과 물까치의 모습이 꿈인 듯 다가왔다. 만남 자체가 싸움이 될 수밖에 없는 관계, 뱀과 까치의 인연은 타고난 거였다. 살고자 까치의 알과 새끼를 먹어온 뱀에 맞서 지키려는 어미의 몸부림이 둘의 관계를 만들었으니 어느 한 편의 옆에 선다는 것도 마뜩치 않은 일이다. 그저 흐름에 맡기고 구름이나 쳐다본다.

빗소리는 무겁다

 집을 둥둥 띄워서 산 아래로 흘려보낼 듯 비가 쏟아지는 날이면 나는 곧잘 낮에도 잠을 잔다. 오늘도 그랬다.
 다 휩쓸려 떠내려간 땅에서 홀로 서 있는 꿈을 꾸었다. 나무도 풀도 닭도 개도 사라진 땅엔 허연 모래와 돌멩이만이 펼쳐져 있었다. 하늘은 무서울 정도로 푸르고 구름은 띄엄띄엄 떠서 움직이지 않았다. 구름 위로 오르고 싶다는 생각을 하고서야 날개가 없다는 것을 알았다. 그러면 어디로 가나?
 가만히 서서 한 발짝도 떼지 못했다. 힘을 주어 한 걸음이라도 움직이려고 해보았으나 옴짝달싹할 수가 없었다.
 겨우 잠에서 깨어 자리에 누운 채 눈만 깜박거리는 나를 인식할 수 있었다. 다행이었다. 눈이라도 깜박거릴 수 있다는 게. 볼 수는 있다는 게.

거대한 손

 태풍을 맞이할 때마다 거대한 손을 본다. 한번 '휘~' 휘두르면 세상이 횡횡 어찌할 바 모르고 소용돌이 속으로 휘말려 든다. 백만 인파가 흐르던 서울 광화문 일대의 물결도 한낱 손안의 외침에 불과하다.

 거대한 손을 한번 '휘~' 휘둘렀을 뿐인데 바닷물이 일어서 해안가 방파제를 무너뜨리고 해수욕장을 쓸어버리고, 천 년을 살아온 나무가 뿌리째 뽑혀 나뒹군다. 건물의 지붕이 날아가고 빌딩이 휘청거려, 인간들이 낮고 어두운 곳을 향해 기어가게 한다. 송전선을 끊어 인간 세상을 암흑에 빠뜨리고 우우우우 땅을 들썩이게 하면서 와하하하 웃음소리를 뒤로 남기며 무한한 하늘 저편으로 나아간다.

 손 한번 저었을 뿐인데, 세상은 얼이 빠진다. 단지 손 한번 저었을 뿐인데.

폐계닭

"토종닭이라고 파는데 실은 폐계닭이죠."

식당에서 주문한 토종닭 백숙이 나오자 내 입에서 툭 튀어나온 말이다.

"에이, 토종닭이 맞아요. 이 집 사장님 아들과 내가 아는 사인데, 여기 오기 전에 전화했더니 아버지한테 연락해서 좋은 놈으로 잡아주게 하겠다고 했거든요."

내 앞에 앉은 남자가 떨떠름한 표정으로 말을 받았다. 세상을 불신하는 버릇을 버려야 한다고 말하는 듯 보였다.

나는 식당 뒷마당의 닭장에서 거닐고 있는 닭들을 알고 있다. 깃털 빛깔이 칙칙한 게, 하나같이 나이가 좀 들은 닭이다. 큰 체

격과 불그죽죽한 깃털이 덮인 모양이, 양계장에서 알을 얻기 위해 기르는 닭과 똑같다. 양계장에서 생산성을 높이기 위해 닭을 교체할 때마다 싸게 쏟아져나온다. 내가 사는 마을에도 트럭에 싣고 와서 만 원에 열 마리씩 팔곤 한다. 토종닭을 사려면 한 마리에 2,3만 원을 줘야 하니 가격 차가 많아도 한참 많이 나는 형편이다.

옛날부터 시골집에서 길러왔던 토종닭은 몸집도 작고 깃털의 빛도 다양해서 양계장 닭하고는 뚜렷하게 구별이 된다. 남자는 토종닭을 잡아 먹어본 경험이 없는 게 틀림없었다. 비록 깃털이 뽑혀 삶겨졌다 해도 토종닭의 두 배는 됨직한 커다란 몸집만은 속일 수 없는 것이었다. 쫄깃쫄깃하다고 말하며 씹는 살도 토종닭의 쫄깃쫄깃한 맛과는 다른 것이어서, 좀 질기다고 해야 맞을 성싶은 게 영락없이 폐계닭임을 알려주고 있었다.
물론, 폐계닭이 아닐 가능성이 완전하게 없는 것은 아니었다. 양계장에서 알을 낳는 용으로 쓰는 닭과 같은 품종의 병아리를 길러서 백숙을 만들어 팔 수도 있는 일이다. 그렇다고 해도 토종닭이라는 말을 붙여 파는 건 손님을 속이는 일이었다.

나는 입을 다물었다.
'토종닭으로 알고 맛있게 먹으면 그거로 좋은 거지 뭐.'
폐계닭을 사서 닭장에 넣는 모습을 본 것도 아니거니와 굳이

다툴 일도 아니라는 생각이 들었다. 몸에 나쁜 것을 속여서 판다고 할 수도 없는 일이니, 식당 주인을 나쁘다고 말하기도 어려웠다.

무엇보다 술 한잔 나누러 온 사람과 폐계닭 문제를 놓고 다투고 싶진 않았다. 하물며 식당 주인의 아들과 아는 사이라지 않은가? 좋은 게 좋은 거라는 말을 좋아하지도 않고 받아들일 생각도 없지만 슬쩍 물러서 주는 면만 본다면 좋을 때도 있는 법이었다.

*'폐계'가 맞고 '폐계닭'은 틀린 말이라고 하는 사람이 있다. 그러나 내가 사는 고장에서 '폐계'라고 하는 사람을 만나본 적은 없다. 어쨌든 대부분의 사람들이 '폐계닭'이라고 하니 그게 맞는 말이라고 나는 생각한다.

환상의 도시

고층 건물이 즐비한 도시를 볼 때마다 환상에 대해 생각하게 된다.

도시가 욕망의 탑이라고 할 때, 그 욕망은 환상이다. 도시의 사람들은 환상 속에 산다. 대개 돈의 다른 이름인 '꿈'이란 아름다운 포장지에 싸여서.

반짝반짝 휘황찬란한 불빛을 바라보며 사람들은 자신이 반짝이는 존재라고 생각한다. 환상을 가진 사람들이 도시로 몰려들며 그렇지 않아도 커다란 그들의 욕망은 점점 더 커지고 높아진다. 그럴수록 사람들은 더 모여들어 가슴에 품을 수도 없는 황홀한 도시를 만들어 나간다. 그런 한편에선, 자본의 이익에 복무하는 사람들의 목소리가 끊임없이 울려퍼진다. 꿈을 펼치라고, 더 크고 멋진 꿈을 가지라고.

많은 이들이 반짝이며 살고 싶어 한다. 산골에서 나고 자란 젊은이들도 대개는 그런 꿈을 가지고 도시로 몰려간다. 세상의 거대한 흐름을 거슬러 올라가는 일은 가능하지 않거나 일부의 불온한 사람들에게만 열려 있다. 대부분의 사람들은 성공을 했다는 이들의 손가락이 가리키는 곳을 향해 나아간다.

저 앞에서 가물거리는 꿈을 향해 나아가고 싶은 자는 누가 뭐라고 해도 도시로 나아갈 거다. 다만 내일에 초점을 두는 삶이 아니라 현재의 자신에게 충실하고자 하는 이가 있다면 굳이 도시로 나아갈 필요는 없다.

아이처럼

비바람 몰아치는 삼월 초.

아내가 호두를 까서 허연 알맹이를 식탁에 놓으며 먹으라 한다.

나는 매년 아내가 호두를 까줘야만 먹게 된다. 아이처럼.

맛있게만 먹으면 된다. 그러면 아내는 며칠 지나지 않아 또 불쑥 호두를 망치로 톡톡 쳐서 환한 빛의 알맹이를 내놓는다.

이제는 천연스레 짭짭 잘도 먹는다. 고맙다는 말도 없이. 아이처럼.

삼류 대학 출신

"형도 공부 못했구나! 왜 그렇게 공부를 못했어?"

내가 삼류 대학 출신이란 걸 아는 시인이 술 한잔 먹고 전화를 걸어와 했던 말이다.

악의적인 뜻이 있거나 욕을 하는 게 아니란 걸 알면서도 기분이 씁쓸했다. 나도 학벌이란 것에서 놓여나지 못한 채 살아간다는 걸 다시 알게 했다.

유명한 시인이 되려면 시인이 되기 전에 서울대나 연고대 입학부터 하는 게 순서라는 말이 돌던 일을 기억한다. 교내 시화전에 참가했는데, 교수가 보고 시를 가져오라 해서 갖다준 게 발표가 되면서 등단을 했다는 서울대 출신 시인의 얘기를 들은 적이 있다. 내로라하는 문학잡지에 발표가 되고 시집 출간까지 이어지면서 문학상을 타고 중앙 일간지에 이름이 오르내리며 유명 시인의 반열에 올라가는 일은 경기대학교 출신으로선 꿈도 꾸지 못할 일이었다.

노벨문학상 후보로 오르내리는 시인과의 만남이 생각난다. 마주 앉아 얘기를 나누던 중에 노시인이 내게 물었다.

"자네는 학교를 어디 나왔나?"

경기대학교를 나왔다는 내 대답에 노시인은 창밖으로 고개를 돌렸다. 대화가 오가던 공간에 냉랭한 기류가 감돌았다.

집을 찾아온 사람에게 시집을 주었더니 표지 뒤에 실린 이력을 읽고 '뭐 별 것 아니구나' 하는, 얼굴에 슬쩍 지나가던 비웃음도 기억한다. 그는 정작 시는 읽어보지도 않고 내려놓았다. 어떤 시를 쓰는지보다는 내 이력이 궁금했던 모양이다.

지금도 나는 학벌과 시 사이에 어떤 연관이 있는지 잘 알지 못한다. 다만 삼류 대학 문을 나온 지 30년이 훌쩍 넘는 세월을 지나왔으면서도 아직 그 문 언저리에서 벗어나지 못했다는 점만은 인정한다. 누군가 그렇고 그런 얘기를 한다 해도 그러려니 하고 넘어가면 그만인 것을, 대범하게 넘기지 못한다. 바뀌어야만 할 문제라고 생각하고 있어서일까?

학벌의 직접적인 폐해는 삼류 대학 출신이 감당해야 할 몫이지만 일류 대 출신도 피해자란 면에선 마찬가지다. 문학 세계만을 둘러본다면, 작품발표 매체와 출판사 그리고 언론과 평론가들로 얽힌 자신들만의 담 안에 안주하면서 쌓인 오만함으로 인해 심화된 자신의 문학 세계를 만들어 내지 못한 채 문학사의 뒤안길로 사라지곤 한다.

첫 시집을 낼 때, 출판사로부터 출신 대학을 포함한 이력 사항을 요구받고 나는 이득이 되지 못할 거라는 생각을 하면서도 빼지 않고 보냈다. 굳이 출신 대학을 드러내야 하는가에 대해서 나는 찬성하는 입장이 아니다. 그렇다고 감출 일이라고 생각하지도 않는다. 불필요한 사항이라고 판단할 뿐이다. 출판사의 요구가 없었다면 출신 대학을 이력에 기재하진 않았을 거다.

책을 낼 때마다 나는 이력에 출신 대학을 밝히지 않는다. 그러나 출판사에서 이력에 삽입하는 것까지 관여하진 않는다. 그런 까닭에 출신 대학이 이력에 들어가 있는 시집도 있고 그렇지 않은 경우도 있다.

학벌, 대한민국의 신분 사회를 유지하는 한 축인 이 견고한 벽이 내 시에 긴장감이 감돌게 하는 하나의 요소로 작용했으리란 건 부인하기 어려운 일이다. 꽤 유익한 자양분이 되어 내가 쓴 글에 박혀 있을 것이다. 삼류 대학이 내게 준 긍정적 요인이다. 그래, 학벌로 나와 내 시를 판단하고자 하는 이가 있다면 얼마든지 하시라. 삼류 대학도 나의 일부일 테니까.

스승 혹은 도반

1
"이젠 아랫마을에 내려가지 않겠다더니…."

이장의 어머니가 돌아가셨다는 소식에, 장례식장으로 가서 인사라도 해야겠다고 했더니 아내가 한마디 덧붙인다.
일으키려던 엉덩이를 그대로 두고 움직이지 않았다.

2
문학 행사장에 가봐야겠다고 한마디 했더니 '가봐야겠다고 하는 곳엔 가지 않는 게 좋다고 하지 않았느냐?'며 내가 했던 말을 일깨운다.
움직이려던 발을 멈추고 홀로 우뚝 선 앞산을 바라보며 하루를 보냈다.

가지지 못한 죄

"없는 것도 죄입니까?"

공장에서 일하다 죽은 외동아들을 가슴에 묻은 어머니가 울부짖었다.
어머니는 모르고 있었구나.
가지지 못한 게 얼마나 큰 죄인지를.
죽어서야 벗어날 수 있는 굴레라는 걸.
가지지 못한 자에겐 자유도 법도 국가도 없다는 걸.
알았다면 저렇게까지 울지는 않을 텐데.

아내의 선택

 함께 부화된 수탉 세 마리가 다 자라기 전까진 오골계 수탉이 닭장의 대장이었다. 오골계와 토종닭을 같이 기르다 보니 두 종이 뒤섞여 중간적인 모습을 한 닭들이 보이기도 하는 닭장이다. 열두세 마리의 닭 중에 수탉이 네 마리나 되니 수컷끼리의 전쟁이 언제 벌어질지 모를 일이었다.

 수탉 세 마리의 벼슬이 붉은 꽃처럼 활짝 피어나고 깃털엔 윤기가 반드르르 흘러내리는 봄이었다. 오골계 수탉과 세 마리 토종닭 수컷과의 다툼이 일기 시작했다. 초반엔 오골계 수탉에게 밀린 세 마리 토종닭 수탉이 쫓겨다니기에 바빴다. 한 마리가 쫓겼다면 죽음에 이르는 처지로 떨어졌을 게 분명한 일이었지만 토종닭 수컷은 세 마리였다.

 암컷에게 달려드는 토종닭 수컷을 발견하는 즉시 오골계 수컷의 공격은 시작되었다. 토종닭 수컷 한 마리가 오골계 수컷의 공격을 피해 달아나는 시간에 나머지 두 마리 수컷이 암컷의 등에 올라탔다. 쫓던 수탉을 포기한 오골계 수탉이 재빨리 몸을 돌려 암컷의 등에 올라탄 수컷들을 향해 달려와 뛰어오르며 머리를 쪼았다. 그 와중에 먼저 쫓기던 수탉이 또 다른 암컷을 향해 달려들었다. 두 개의 다리로는 암컷들을 지키는 게 가능하지 않은 오골계 수탉이었다.

어느 날부터인가 수탉 세 마리가 점을 찍은 암컷에게 달려들어 교대로 교미를 하는 모습이 보였다. 한 마리가 암컷 머리를 찍어 누르며 등에 올라타 일을 치르고 내려오면 옆에 있던 다른 놈이 올라타고 또 다른 놈이 이어서 올라탔다. 오골계 수탉은 못 본 척 가만히 있었다. 이미 암탉들을 관리하는 걸 포기한 상태였다.
 '아이구, 저 놈들이 암탉을 아예 잡는구만.'
 끼어들어 떼어놓고 싶은 마음이 일었으나 그러진 않았다.
 '저것도 쟤들 집단의 흐름이자 질서일 텐데. 내가 끼어들 일은 아니지.'
 나도 못 본 척 지나쳤다. 얼마 지나지 않아 오골계 수탉이 세 마리 수탉에게 쫓기는 모습이 눈에 들어왔다. 세 마리 수탉이 연합하여 오골계 수탉 한 마리를 공격했다. 세 마리가 한꺼번에 달려들자 오골계 수탉이 뒤로 밀렸다. 한번 뒤로 밀리자 전쟁은 끝이었다. 세 마리 수탉이 오골계 수탉의 머리를 집중적으로 쪼아 댔다. 오골계 수탉은 달아나다 구석에 머리를 처박곤 꽁지를 내

놓은 채 세 마리 수탉의 처분에 몸을 맡겼다. 세 마리 수탉은 오골계 수탉을 짓밟고 쪼아대서 반죽음 상태로 만들었다.

그날 이후 오골계 수탉은 세 마리 수탉의 눈치를 보며 무리에서 떨어져 홀로 지내는 생활을 이어갔다. 세 마리 수탉의 공격은 그래도 틈틈이 이어졌다. 아예 죽일 작정을 한 것으로 보였다.

하루는 세 마리 수탉을 피해 도망치던 오골계 수탉이 닭장의 철망 벽을 타고 넘으려다 그만 발이 망의 구멍에 끼는 일이 일어났다. 세 마리 수탉에겐 완전한 기회였다. 다 같이 달려들어 쪼아대 오골계 수탉의 머리를 찢고 짓이겨 온몸을 피로 물들였다.

뒤늦게야 발견하고 죽어가는 오골계 수탉의 발을 망에서 빼주었더니 녀석은 비틀거리면서도 두려움에 휩싸여 한쪽 구석으로 가 웅크린 채 움직이지도 못했다. 살아 있어도 산 닭이 아니었다.

다음 날부터 오골계 수탉은 횃대에도 올라가지 못하고 바닥 구석에서 잠을 잤고 낮에는 무리에서 최대한 멀리 떨어진 벽에 붙어 홀로 지냈다. 모이를 줘도 먹으러 달려들지 못했다. 다른 닭들이 모이를 먹느라 정신이 없는 틈을 타 다가가서 슬쩍 부리 앞에 뿌려주어야 했다.

벼슬과 머리 가죽이 찢겨 뼈가 드러났던 오골계 수탉은 그런 중에도 목숨을 이어 나갔다. 다행히 머리의 피가 말라붙어 덧나지는 않았으나 하얀 깃털이 거무죽죽해져 쓰레기장에 굴러다니는 고깃덩어리로나 보였다. 그 오골계 수탉에게 몰래 준 먹이까지 용납하지 못하겠다는 듯 달려들어 가로채는 토종 수탉들을 보면 은근히 화가 치밀었다.

그래도 나는 움직이지 않았다. 암컷 중에도 세 마리 수컷의 교미가 이어지는 통에 등의 털이 빠지고 피가 흐르는 놈이 서넛 되었다. 그것도 그러려니 했다.

'내가 키우긴 하지만 쟤들의 일에 끼어들어선 안 되지.'

마음이 흔들릴 때마다 생각을 다잡으며 넘어갔다.

그렇게 봄날이 흘러가던 중에 수컷끼리의 전쟁이 또 일어났다.

"세 마리 중에 한 놈이 피를 흘리며 쫓겨 다니다 닭장 틈 사이에 끼어 있더라구요."

암탉들과 교미를 함께하며 살아가던 세 마리 수탉 사이에도 균열이 일어난 것이었다. 이번에는 두 마리가 합심하여 나머지 한 마리를 공격한 모양이었다.

아내는 피투성이가 된 수탉을 닭장에서 꺼내어 새장에 넣어두었다고 했다. 그리고 이틀이 지났다.

"새장에 있는 놈을 넣어주고 저 수탉 두 마리를 잡아야겠어요. 쟤들은 힘이 좋아, 잡아서 백숙을 해 먹으면 좋겠어요. 그러면 오골계 수탉과 토종 수탉이 한 마리씩이니까 닭장도 안정이 될 거고…."

그냥 놔두라고 했으나 아내는 듣지 않았다. 알을 얻고자 했던 아내의 뜻에 따라 닭을 키우기 시작했으니, 내가 막아설 수 있는 일이 아니긴 했다.

"내가 모이를 주며 키우고 있는데 왜 끼어들질 못해요?"

아내의 말은 단호했다. 나는 반대 주장을 더 이어 나가진 않았다.
그날 밤, 아내는 기어이 닭장 안으로 들어가 수탉 두 마리를 잡아 자루에 넣어 나왔다. 밀려났던 수탉은 다시 닭장으로, 지배자였던 두 마리 수탉은 졸지에 새장으로, 위치가 바뀌었다. 그리고 밤이 깊어 새벽으로 가는 길의 어디쯤에서 수탉의 울음소리가 들렸다.

"꼬끼요오오오오오."

새장에 갇혀 오늘 죽을지 내일 죽을지 알 수 없게 된 두 마리 수탉의 울음소리가 산중 마을을 울리며 숲으로 퍼졌다. 그러자 닭장 안의 수탉이 질세라 "꼬끼요오오오오오" 좀 더 길게 되받으며 울었다.

날이 밝자 그동안의 어수선했던 모습이 사라지긴 했다. 오골계 수탉을 포함한 모든 닭이 무리를 이루어 다니며 모이도 먹고 흙 목욕도 하며 시간을 보냈다.

'저것이 평화일까? 토종 수탉과 오골계 수탉 사이의 전쟁은 언제쯤 벌어질까? 아내가 원하는 대로 두 수탉 사이엔 싸움이 일어나지 않을 수 있을까?'

의문이 일긴 했으나 햇살이 잔잔한 물결처럼 닭장 안을 흐르는 모습이 따듯하게 와닿았다. 그렇게 며칠이 흘렀다.

"오골계 수탉이 매한테 죽었어요. 모이를 주려고 갔더니 닭장에서 매가 날아오르더라고요."

아내를 따라가 살펴보니 닭장의 하늘에 쳐 놓았던 그물의 일부가 찢겨진 상태였다. 매의 눈을 벗어나지 못하고 오골계 수탉은 하늘로 갔다. 봄이 끝나가면서 여름의 기운이 밀려들고 있었다.

봄, 햇살 아래서

꽃다지, 냉이, 별꽃, 민들레가 오종총총 함께 피어 있는 마당 귀퉁이를 바라본다. 이른 봄엔 땅에 바짝 붙어 꽃을 피웠는데 푸릇푸릇한 기운이 제법 땅을 덮어가는 지금은 꽃대를 쑤욱 올려 꽃봉오리를 활짝 열었다.

언제 눈에 덮일지도 모르던 시절, 누구보다 먼저 꽃을 피우느라 납작 엎드린 자세를 유지했던 마음이 잡힌다.

추우면 엎드리고 따듯하면 목을 번쩍 치켜들며 일어선다.

세상 흐름에 따라 자세를 달리할 줄 아는 작은 꽃들아!

살생에 대하여

 동물을 직접 죽이지 않는다 하여 자신은 살생과는 상관없는 사람이라고 생각하는 사람들이 의외로 많다. 그런 끔찍한 짓을 어찌 할 수가 있냐며 눈빛을 차갑게 쏘아 보내는 이들도 있다. 그런 사람의 대부분은 육식을 즐긴다. 즐기지는 않는 사람이더라도 별 거부감없이 먹는다. 육식을 거부하며 채식을 하는 사람은 그들 중에서도 일부다.

 동물을 죽이지 않는 사람들은 고기를 사서 먹는다. 돈을 주고 고기를 산다는 것은 동물을 잡아서 건네주는 수고 비용을 주는 것이다. 동물을 잡아 오라고 사주하는 것과 다를 바가 없다. 즉 간접적인 살생이다. 어쩌면 간접 살생이 직접 살생보다 더 잔인하다고 할 수도 있다. 간접 살생은 웃으며 한다. 직접 동물을 죽이는 사람은 적어도 웃으며 하지는 않는다.

 고기는 산 동물을 잡지 않으면 입에 넣을 방법이 없다. 누군가는 죽여야 한다. 직접 죽이든지 아니면 누군가가 잡은 동물의 고기를 사서 먹든지, 선택해야 한다. 고기를 먹는 사람이면 누구도 여기서 벗어날 수는 없다.

　스님 중에도 자신은 고기를 먹지 않고 동물을 죽이지도 않으며 혹여 발에 벌레가 밟혀 죽을세라 발을 내디딜 때도 조심한다는 이들이 있다.
　'살생'이 식물에겐 적용되지 않는 게 선뜻 이해가 되지는 않지만 동물에게만 적용되는 면을 받아들인다고 해도 살생을 하지 않는다는 스님의 말에는 어폐가 있다.
　살생을 하지 않는다는 스님들의 대부분은 신도들로부터 돈을 받아 절을 운영하고 생활도 한다. 그 돈은 사바세계에서 나온 돈이다. 동물을 잡고 유통시키는 과정에서 발생한 이익의 일부가 스님의 주머니에도 들어간다. 불교 신도 중에는 동물을 잡고 유통하는 일을 직업으로 삼고 있는 이들도 있고 식당을 운영하는 사람도 많다. 절에 투입되는 세금에도 축산업과 어업을 담당하는 사람들로부터 걷은 돈이 섞여 있다. 스님들이 정진을 하며 먹는 밥상을 차리는 데도 살생으로 얻은 돈이 쓰인다. 손에 피를 묻히지 않으며 입에 고깃덩이를 넣지 않는다 하여 살생을 하지 않는다고 할 수는 없는 일이다.
　사람이 고기를 먹지 않고 살지 않는 한, 사람 세계의 그 누구도 살생에서 벗어난 삶을 살아갈 수는 없다.

저녁

 가을바람이 깊어 가니 흑염소가 밤낮없이 울어댄다. 그만 키우려 수컷을 먼저 없앤 뒤였다. 도살장에 데려가 죽는 걸 지켜보는 것도 점점 싫어졌다. 아직 어린 세 마리야 눈 한 번 질끈 감으면 그만이라고 해도 또 발정이 난 암컷이 문제였다. 자식을 잉태하고 싶다고 우는 놈을 도살장으로 끌고 간다는 게 영 꺼림칙하게만 와닿았다.

 그만 울고 풀이나 먹으라며 우리의 문을 열어줬다.
 암컷 흑염소는 풀을 먹다가 쪼로록 다가와 뒤를 따른다. 어서 수컷 옆으로 데려가 달라는 얘기란 걸 모르진 않지만 나는 못 본 척 마당으로 와서 의자에 앉았다. 흑염소는 마당까지 쫓아와 노랗게 물들어 떨어진 뽕잎을 낼름낼름 주워 먹으며 나를 흘깃흘깃 살핀다.

헤어질 때가 됐다는 걸 알아줬으면 하지만 흑염소는 내 맘을 전혀 모르겠단 눈치다.

함께 마당을 거닐던 어린 흑염소들이 내가 다가가자 밭쪽으로 달아난다. 암컷 흑염소는 그러거나 말거나 뽕잎을 먹다가 머리를 들어 다시 나를 바라본다.

서산에 걸친 해가 붉은빛을 던지며 아등바등 쉽게 떨어지질 않는다.

입동, 꼬리치레도롱뇽을 만났다

 일기예보에서, 비가 오다가 눈으로 바뀌어 내린다는 소식이 전해졌다. 해가 지자마자 찬바람이 불어오기 시작한다. 밭으로 가 김장배추에 비닐을 덮었다. 그리고 아내와 함께 밤 산책을 나갔다.

 동그란 전등 불빛 안에서 꿈틀거리는 게 보였다. '도마뱀인가?' 싶었으나 가만히 보니 아니다. 도롱뇽이다. 물기가 반드르르 흐르고 두 눈이 툭 튀어나온 데다 꼬리가 넓적하니 길다. 무늬는 독사처럼 생겼지만 어딘지 좀 부드럽고 무딘 형상이다. 좀 못난 놈처럼 보인다. 한 발 한 발 꾸물럭꾸물럭 움직이는 걸 보니 뭔가 덜떨어진 놈 같다. 그런데 신통하기도 하다. 물속에서도 살고 육지에서도 살 수 있는 능력을 지녔다. 멍청해 보이기는 하지만 가만히 보면 꽤 귀엽다. 아기 같이 다가오기도 한다.

 '근데 이놈이 어디에 가는 거지? 어디 동면할 곳이라도 찾아가

는 걸까? 아니면 겨울에도 얼지 않는 웅덩이라도 찾는 걸까?'

가만히 바라보고 있자니 녀석도 움직임 없이 나를 응시한다. 아니다 불빛에 어리둥절한 모습이다. 불빛에 앞이 가려진 거다. 우산을 아내에게 맡기고 휴대전화를 꺼내 사진을 찍었다. 화면 속의 녀석은 웃는 아가의 얼굴이다.

그런데 한 마리가 아니다. 길을 가다 보니 또 한 녀석이 눈에 들어온다. 다시 발걸음을 옮기니 한 마리가 더 보인다. 얼어붙는 세상을 앞에 두고 겨울을 이길 곳을 찾아 대장정에 나선 것이 분명하다.

따닥따닥, 우산을 치는 소리가 들린다. 비가 얼음 알갱이로 바뀌었다.

그때 차 소리가 들렸다.

아내는 얼른 손을 뻗어 손가락으로 길 가운데 있는 녀석을 굴려 길가로 피신시켰다. 녀석은 마치 죽은 놈처럼 길가에서 움직이지 않았다. 다 살려는 몸짓임을 알 수 있었다. 환갑이 넘은 나이를 살면서 그 정도는 나도 알게 되었다.

'빨리 빨리 움직여라. 그렇게 죽은체할 시간이 없다.'

깜깜 밤과 삭풍과 싸라기, 젖은 산비탈은 도롱뇽에 비해 턱없이 단단하고 날카로워 보였지만 내가 할 일은 없었다.

'굳세어라 금순아!'

한마디 남기고 멀어질 수밖에.

세월이 마음에 들지 않는다 하여도 서러워하지 마 화내지도 마

2024년 3월 13일 초판 1쇄 펴냄

지은이 _ 유승도
펴낸이 _ 양문규
펴낸곳 _ 詩와에세이

신고번호 _ 제2017-000025호
주　　소 _ (30021)세종특별자치시 조치원읍 충현로 159, 상가동 107-1호
대표전화 _ (044)863-7652
팩시밀리 _ 0505-116-7653
휴대전화 _ 010-5355-7565
전자우편 _ sie2005@naver.com
공 급 처 _ 한국출판협동조합
주문전화 _ (02)716-5616
팩시밀리 _ (031)944-8234~6

ⓒ유승도, 2024
ISBN 979-11-91914-56-6 (03810)

* 지은이와 협의하여 인지는 생략합니다.
* 이 책 내용의 전부 또는 일부를 재사용하려면 반드시 지은이와
  詩와에세이 양측의 동의를 받아야 합니다.
* 책값은 뒤표지에 표시되어 있습니다.
* 이 책은 서울특별시, 서울문화재단 '2022년 창작집 발간 지원사업'의
  지원을 받아 발간되었습니다.